百/年/教/育/经/典/文/库

PHILISTINE AND GENIUS

塞德兹
全能教育法

〔美〕鲍里斯·塞德兹◎著

长江出版传媒 | 长江少年儿童出版社

育儿先育己

他们，是现代家庭教育理念的鼻祖

他们，是作品长销数百年的幼儿教育大师

他们，改变了无数儿童的命运

感谢他们为幼儿教育所做的贡献

　　每个人的成长都必然基于家庭、基于父母。若把家庭比喻为一棵树，父母就是根基、树干，孩子就是树上的果实。想要果实长得肥硕，就得根基粗壮、枝繁叶茂，还要定期修剪枝叶，让树和果实都能萃取充足的阳光雨露。根基即"己"，枝叶即"言行"，修剪枝叶则为"身体力行"。

　　养育孩子的终极目标并不单单是为了培养一个听话、顺从的孩子。我们希望自己的孩子有着良好的道德品质，成为一个负责任的人，并能对社会有所贡献；希望他们有能力在生活中为自己做决定，享受自己的才华所创造的成就，享受生活的全部乐趣；希望他们和朋友有着良好的友谊，未来能拥有和谐美满的婚姻，并最终成为称职的父母。

正是基于此，"中外百年教育经典书系"系列第一批，收录了《卡尔·威特教育全书》《斯宾塞快乐教育法》《塞德兹全能教育法》《斯特娜自然教育法》《夏洛特·梅森家庭教育法》和蒙台梭利早教经典系列（《蒙台梭利早期教育法》《蒙台梭利儿童教育手册》《童年的秘密》《发现孩子》《有吸引力的心灵》）共十本西方教育经典著作。在西方国家，平均每五个家庭，就有一个家庭看过这些书。在后期，我们还将陆续出版更多国内教育学家的经典著作。

这套丛书能够在人们日益关注教育、家庭、学校和社会问题的大环境下与读者见面，其意义不只是让更多的人了解这些经典教育理念，更多的是激励父母们真正行动起来，全身心和孩子在一起，陪伴他们一起游戏和生活。父母们参与这些过程，本身就是在陪伴孩子成长，也是在实践教育，这才是真正面向未来的教育。

把这些教育大师的著作引入中国不仅意味着中国家庭教育系统的发展，同时也意味着父母们越来越多地重视亲子教育对于孩子一生的重要性。不管父母们为何阅读这些经典教育作品，但有一点非常清楚，那就是在家庭生活中保持对亲子教育的持久关注是极为重要的，而这些经典著作恰恰能帮助父母们更好地了解孩子、与孩子一同成长。

阅读大师的著作，尤其是阅读教育大师的著作，应该成为每一个家庭教育过程中的重要组成部分，它应该被珍惜。尽管有时候父母们可能并不能完全理解教育家们的全部思想，但过去众多的事实证明，这种阅读经历是最有价值的。当你阅读完这整套教育经典书系后，你一定会发现，自己在这个过程中获得了最有意义的收获和成长。当然，这种收获并不仅仅限于知识理论，更重要的是指导日后的亲子生活和教育过程。

《卡尔·威特教育全书》——优秀的孩子不是上天赐予的，而是教育的结果

《斯宾塞快乐教育法》——人生就是为了笑起来，其他的都是细枝末节

《塞德兹全能教育法》——孩子的欲望和好奇心是多么宝贵

《斯特娜自然教育法》——学会尊重孩子，让孩子顺其自然地成长

《夏洛特·梅森家庭教育法》——家庭是教育孩子的第一站，也是最重要的一站

蒙台梭利早教经典系列（共五册）——最科学、最深刻揭示孩子的成长规律

这套经典书系与其他版本的不同之处，在于它没有提供太多对于原文的解读和分析，而是更多地还原了原著本身的内容和叙事情境，让父母们能在阅读大师著作的同时仍不忘怀有一颗初心。一万个人眼中有一万个哈姆雷特，我们相信，父母们用心去体会那些教育大家的幼儿教育理念，将对他们未来的教育过程产生非常积极的影响。

在这套书中，"讲述故事"是作者的基本写作方法，他们将自己的教育观点和独到见解全部融入事例现场，融入对一个个具体事件的讲述之中。正是这种生动性，才让读者读起来融会贯通。我们的版本着眼于指导现代家庭，让这套幼儿教育理念适用于当今的家长，这是教育学家们在20世纪的研究中没有涉及的一点。在斟酌了内容的轻重程度后，我们更希望这本书能给当下的家庭教育带来更为实际的指导作用。我们所做的就是在容易理解的基础上，加入更多与现代家庭头疼的教育问题相呼应的办法，让家长流利阅读的同时，也可以更直观地学到现实操作方法，这是作为编辑的我们更希望呈现出来的方式。

对一本书而言，每一个版本都是一次与更多读者相遇的机缘。而我们只是庆幸，在这一番相遇中，有自己的一点不足道的付出与许多弥足珍贵的获得。作为编辑，自当对每一本经手的书稿尽心，但总有些书稿比其他书稿更尽心些，而这一套教育经典应当值得我们这么去做。希望这套书里的每个单本都能找到喜爱它的读者，能持续为中国家庭提供权威可据、编排合理、有指导意义的教育经典。

成功育儿的关键并不在于高深复杂的理论、详尽周全的家庭规矩或者晦

涩难懂的行动教条，而是出于你对孩子深深的爱和感情，并通过共情和理解等方式简单地呈现出来。毫无疑问，这套丛书的出版是送给父母和幼儿老师的礼物，而家长们和教师们的行动才是送给孩子童年最珍贵、最有价值的礼物。

塞德兹：让孩子成为快乐的天才

《俗物与天才》是20世纪初出版的一本教育学名作，它的作者鲍里斯·塞德兹博士是哈佛大学的心理学教授，青年时代留学于美国哈佛大学，跟随著名的心理学家詹姆斯博士学习。在詹姆斯博士的教导下，鲍里斯·塞德兹学到了很多心理学和教育学知识。为了表示对恩师的谢意，他将自己的孩子取名为威廉·詹姆斯·塞德兹，也就是《俗物与天才》这本书的小主人公。

威廉·詹姆斯·塞德兹在父亲的教育下，成为了一个有名的天才，11岁时考入哈佛大学，最终获得哈佛大学的博士学位。在取得了这么大的教育成就后，越来越多的人涌向鲍里斯家，希望从他那里获得教育孩子的经验。于是，鲍里斯便写了这本《俗物与天才》。在本书的一开始，作者就有力地表达出自己的观点：孩子是天才还是俗物，与先天遗传关系不大，主要看后天的生长环境和接受了什么样的教育。

鲍里斯希望每一个孩子都能得到正确的对待，每一个孩子的潜能都能得到开发。他认为，给孩子树立规矩，可以帮助孩子更好地适应学校和社会生活。孩子能成为俗物还是天才，除了看父母进行什么样的教育，还要看父母给孩子提供的环境，所以在软环境和硬环境方面，父母也需要下足功夫，不断地更新自己的教育观念，并从书中找到解决教育难题的方法，把孩子培养成真正快乐的天才。

目　录

第一部分

塞德兹教育理论

第一章
俗物与天才来自不同的教育

　　教育的基础主要是在5岁前奠定的，它占整个教育过程的90%。

——前苏联教育家 马卡·连柯

阅读提要

　　孩子最终成长为俗物还是天才，与早期受到的教育有直接关系。教育不仅关系到孩子的发展，更关系到整个人类的进步。虽然社会的文明发展程度没有达到我们的期望，很多负面环境也让父母感觉很沮丧，但是父母必须让孩子认识真实的世界，并让孩子接受这个世界。

　　这就需要父母抓住早期教育的时机，针对孩子的特性进行教育，给孩子自由和空间，来帮助他们建立健康的精神世界，避免心灵受到伤害。父母应该尽早给孩子进行正确的早期教育，它会成就孩子的一生。

教育是人类最崇高的事业

我想对已经为人父母并在思想上有一定独到之处的人谈一下我个人的观点。我觉得，对孩子进行教育，是人类生命中不可或缺的一部分，我们必须花费大量的精力和时间来做好这件事。

毋庸置疑，每个父母都希望自己的孩子能成为栋梁之才。孩子虽然是每个父母、每个家庭的希望，但同时也是祖国未来的希望，所以，对于父母、社会公众以及国家来说，培养孩子不仅仅是权利，更是应尽的义务、应承担的责任。

众所周知，家庭教育并不是一件简单的事情。家庭教育需要父母的爱心和智慧，长期的坚持和尝试，也需要孩子的理解与配合。

我们知道，一般说来，接受过优秀教育的父母，爱好会更加广泛、更加丰富多样，这使他们更容易接受新的思想与新的事物，寻找更好的教育方法。

在我看来，孩子优秀是因为父母的教育方法优秀。没有教不好的孩子，只有不好的教育方法。选择和运用适宜的教育方法并不是轻而易举的事，要讲究科学，考虑实际，要有运用方法的艺术。

同时，教育要根据一定的教育目的和父母自己的特点，来恰当地选择运用教育方法。也就是说，选择教育方法要与教育目的、内容、条件等诸要素实现最优化的结合。

讲到这里，我们把教育目标设定为让孩子的人格全面发展。想必，每一位父母都不会对这一目标感到陌生，甚至会被深深地吸引。

我一点都不怀疑，每个父母都希望给孩子最好的教育，希望他们无忧无虑地成长，希望他们拥有一个美好的未来。

可是，很多事情都不像我们想象中那么容易，通过一般的逻辑思维就能得到推论，或者是通过教育学与心理学就能得到解决。

新思想、新事物源于生活，因此，要从生活中去找答案，去找分析问题、解决问题的方法。

然而，大多数院校教育的方式却与此恰恰相反。不可否认，这些院校可以提供一般人想要的平庸教育，但它们却无法承担培养人才的责任。

在现实中我们会感觉到，在社会这一所大学里，我们必须不断地及时更新自己的知识。教育是一个基础的题目，在生活中它能够引起对许多问题的思索。

古希腊人对教育是很重视的，柏拉图在教育问题上就始终坚信，一个新时代对道德观点与知识水准的认识，比以往时代更为先进。

在柏拉图记叙的理想的国度里，苏格拉底告诫人们：不管做什么事情，尤其是一些环环相扣的事情，有一个良好的开端是非常重要的。一个良好的开端是整件事情能否顺利进行的基础，对事情能否成功起到至关重要的作用。

在社会发展的历史上，不论是由于道德或宗教原因，还是由于经济等原因而引起的战争与争斗，探究其深层次的根源，无一不是源于人们对欲望的贪婪与无休止地追求。

与容易满足的人比较，总有一些人为了使自己的私欲得到满足，引发各种各样的争夺与战争。

从实质上说，早期社会孕育出来的物质文明就是民族特殊教育的结果。

以此推断，不同的民族教育便产生了不同的民族文化。一个国家最基本的教育与该国的社会经济基础、上层建筑有密切的联系，国家的整体面貌是该国教育的一个体现。

同时，不同的国家也会产生不同的民族性格，罗马人粗狂、健硕；希腊人则追寻唯美，对一切事物都富有热情；可是相对于这两个国家，东方古国则更加注重王位与权力。与古代社会相比，现代社会少了那份宁静与祥和，更多的则是喧闹和利益。

从本质上说，国家最基本的教育塑造了现在社会人们的心理结构。就像粘土在制陶人手中被捏成陶器一样，人们也在社会的基本教育中形成了社会心理、社会追求、社会理想，这些一起构成了社会模型。

那么，谁最具有打造模型的能力呢？

无疑，正是每个孩子的父母。

父母就像制陶人塑造陶瓷一样，塑造着自己孩子的性格、心理、能力等。因此，孩子的未来与命运被牢牢地掌握在父母手中。

由此可见，父母的道德观念、政治观点以及行为习惯等严重影响着孩子。所以说，国家的未来与希望就在父母的手中，不容轻视。

所以，父母要认识到，自己是孩子学习的最直接、最具体的榜样。父母的言行举止，犹如一本没有文字的教科书，会潜移化地对孩子产生终生影响。

父母希望孩子成为怎样一种人，就得首先在自己言行中争做那种人。父母是孩子终生模仿的样板，父母的言传身教，对孩子的心理发展和品性形成起着非常重要的影响。

可是，父母却总是用传统的道德观念、政治观点以及现实的标准去评判是与非、对与错，而且一直用这些方式引导着孩子，孩子则在父母的耳濡目染下，也会用同样的方式方法行事。所以说，父母已有的教育模式无形之中会影响到自己孩子的未来。

即便认识到这一点，仍有很多父母用错误的教育方式对待孩子，深深地伤害着孩子的心灵，更可悲的是，他们并没有意识到自己的这种伤害行为。

在希腊有一位叫地米斯托克利的军事家，他的言行曾经一度被公认为是希腊的典型代表。

地米斯托克利曾经说过，全部希腊的最高权力都是被他的儿子牢牢掌控在手中的，不为别的，正是因为希腊被雅典控制着，而他掌控着雅典，他的妻子控制着他，而他的妻子却由他的儿子控制着。

通过这段看似嘲讽的语言，我们可以看出，孩子控制着父母是大多数人们公认的事实，而实质上，这种控制是因为父母对孩子满怀期望。

那归根到底又是谁来掌握着孩子呢？显然，是孩子的家长以及他们生活的家庭，还有就是在小时候给予他们照顾的人。

处于婴幼儿时期的孩子，他们的头脑如同一张未经任何点墨的白纸，他们的精神同样亦是如此。

精神对于孩子的人生至关重要，人的精神如同房子的根基一样，房子是否稳固，孩子能否健康，完全由根基——孩子的精神——来决定。

父母要重视教育的作用，帮助孩子建造健康的精神世界。只有这样，才能对孩子产生积极、深远的影响。

1.培养孩子不仅仅是权利，更是应尽的义务和应承担的责任。父母应当了解教育孩子的方法，并且相互借鉴。

2.父母要让自己接受优秀的教育，让自己的爱好更加广泛更容易接受新的思想，新的事物，不会死板呆滞，更有利于教育。

早期教育对孩子至关重要

　　孩子的幼年时期是十分重要的，可能大家觉得我有些啰嗦。但是，我必须要提醒大家，幼年孩子的思想是一片空白，需要我们的引导和帮助，只有这样孩子才能很好地成长。我希望这些曾经对我有很大影响的理念，同样可以帮助各位父母和孩子。

　　我们回想一下曾经发生的事情，就会很容易发现，我们其实很难接受那些自己不知道的事实与问题，尽管它们可能都是真理。

　　如果你告诉生活在落后部落的人们，世界非常大，他们可能不相信，因为他们所能看见的就是他们居住的这块土地；或者你告诉他们，世界上的树叶没有两片是完全相同的，这些也会被他们认为是十分可笑的。但是，我们却知道，这些都是真理。

　　说到这些真理，我们很多人都会在生活中用到，并且会根据这些真理得到我们所想要的结果，这就是我们对真理的运用。对于教育，其实也是如此。很多以前的教育理念也可以服务于我们现在的教育，但是，很多人已经渐渐地将这些理念遗忘，更不用说运用了。

　　也许，正因为我们成人正在渐渐遗忘这些教育真理，才使得我们不重视孩子的早期教育。忽视早期教育确实不明智，但更可恶的是，现在有一些所谓的教育学家，用一些错误的、没有任何科学依据的方法对孩子进行教育。这样，不仅对孩子的成长不利，还会对他们的心灵造成巨大创伤。

孩子的成长都有一定的规律，无论是身体、心理、还是智力各方面。在特定的成长阶段，孩子各方面的特点都会有所不同，父母应该根据孩子各个成长阶段的特点，对孩子进行正确的教育。

有关科学研究表明，人的大脑在孩童时期发展最快，长大之后就定型了。因此，要使孩子拥有一个聪明的头脑，就应该越早对孩子进行智力开发。

当然，对孩子进行早期教育一定要注意遵循科学规律，一定要把握孩子的关键期，有步骤按顺序地对孩子进行教育，这样才能真正对孩子有所帮助。

比如，父母要向孩子提出合理的要求，让孩子学到该年龄段应该学会的东西，养成良好的习惯等，这些对孩子今后的发展有着巨大的作用，是孩子将来成功的基石。

但是，父母要注意的是，在对孩子进行早期教育时，一定要讲究方法和技巧，如果教育过度，就会造成难以弥补的后果。

世界上望子成龙，望女成凤的父母千千万万，他们也都很清楚早期教育、开发智力的重要性。但是并不是每个孩子都能成才，这说明了教育方法的重要性。

我们所有人都知道，孩子是多么的单纯，他们对外界没有任何防备之心。同时，他们的大脑也是空白的，所以，我们就编织各种谎言，希望孩子可以开开心心地生活。

可是，我们却从来没有意识到，其实我们是在自己欺骗自己。这毕竟是谎言，谎言对我们大人都是有害的，更何况是对社会和世界一无所知的孩子呢？

我们想象一下，孩子每天成长在这些编织好的故事中，没有人给他们机会让他们表达自己的想法。长此已久，孩子不会表达自己的想法，只会顺从。

孩子会变得顺从父母，按照父母的要求前行。他们失去了自我，更加没有自己独立做事的能力。这样的孩子大脑中只有服从，即使将来长大了，也无法独立思考。

孩子小时候一般都很好奇，对什么事情都感觉到新鲜、刺激，爱玩、好动、喜欢摆弄东西。同时因为孩子缺乏经验，智力、心理发展的不成熟等原因，经常会受到挫折。

可是，这些本来应该由孩子自己做的事情，却被别人代替做着。在孩子的生活中，不断地有不同的人出现，帮助他们做决定，帮助他们干每一件事情，他们不需要为此费心。

渐渐地，孩子也就失去了独立行动的能力以及健全的人格。时间长了，孩子做所有事物都需要别人的帮助，也无法成为天之骄子。

试问我们的父母：我们可以接受这样的孩子吗？是我们的教育方式把孩子教导成了这个样子，我们是不是应该反思呢？

孩子之所以会这样，主要是由于被过度保护。父母是孩子最强大的保护伞，孩子只要遇到困难，就想寻求庇护，在保护下失去了自我判断能力、自我抉择能力、自我思考能力。所以，对待孩子的求援，父母要有选择性地答应。

按照现在的教育模式，无论是在家里还是在学校，孩子们都被灌输各种美好的寓言和故事。他们的目的是让孩子知道世界是多么美好，可是，这是真实的世界吗？我们难道不应该让孩子知道世界的多面性吗？

我认为，作为教育者，我们不应该让孩子一直生活在这些美好的谎言之中，应该给予他们新的视角，让他们真正了解社会的现状，这样他们对社会才能有基本的正确认知，进而使自己的心灵健康成长。

或者可以这么说，我们的孩子在一天天地成长，当他们长大成人后，必然要独自进入这个社会。可是，当他们进入社会以后，发现真实的社会并不是他们认识的那样，他们会感到恐慌甚至是排斥。

然后，这些孩子会明白，原来自己之前一直是在欺骗中生活，这对他们来说，将是多么残忍的事实，又会给他们将来的社会生活造成多么大的阻碍。

所以，父母有必要让孩子知道社会的真相。

最后，我想再次强调一下，早期教育对孩子非常重要，父母要尽早激发孩子的创造力，让孩子的精神和品质得到提高。

如果父母花费一切时间和精力对孩子进行教育，却收效甚微，甚至适得其反，要么是错过了教育的关键期，要么是没有遵循科学的规律。

早期教育是一项艰巨、复杂的工作，父母必须具有相当的耐心，不能半途而废，那样对孩子的教育才能取得成功。

塞德兹教育启示

1.孩子在幼年的成长是十分重要的，幼年孩子的思想一片空白，需要父母的引导和帮助，只有这样孩子才能很好的成长。

2.父母不要总是给孩子灌输各种美好的寓言和故事，也应该给予他们一定的视角，让他们真正了解社会的现状，这样他们才能有基本的正确认知，才会帮助孩子心灵的成长。

面对让人沮丧的负面环境

我不赞成残忍的杀戮，这样对谁都是不公平的，孩子也是人，是活生生的生命体，我们应该给予尊重和爱护。

现在，很多民族以宗教的名义做出各种恐怖的行径，他们的行为是残忍的，也是不可原谅的。尤其是巴塞罗缪惨案，是让欧洲人民永远无法忘记的。

这些行为如此残忍，导致很多人认为，这样的行为不可能发生在现代，他们认为这些行为只有在远古时期或者落后部落里才会发生。

我想说的是，你们凭什么这样判定？又评什么认为古代人又或者落后部落的人就很野蛮？难道我们真的很文明吗？我们凭什么认为自己是文明的？

这是因为我们始终用双重标准在看待这个社会。

我们用严格的标准要求别人，对待自己则相对松懈，这是为什么？

难道我们不该注意一下自己的行为吗？

我们是否想过，其实我们眼中的一切都是假象，我们真的文明吗？不是的，这些都是我们捏造的，我们用各种行为掩盖自己的野蛮和贪婪。事实上，我们的行径让很多人因此而丧命，也让很多人变得疯狂，这些数字是远古时期人们常年征战的死伤人数所不能及的。

在我们的城市中，有无数的贫民窟，在那里有多少人因为疾病和细菌而死亡？尤其是儿童，他们的死亡率更是高得惊人！

而且，我们现在所谓的文明城市，污染却极为严重。在我们的生活环境中，隐藏着各种病毒和细菌，其中一项就是肺结核，这是极危险的一种病。

肺结核的来源和我们人类无限制地扩张城市有着密切的关系，我们让工人在恶劣的环境中工作，却没有任何医疗保障。

更令人愤怒的是，很多人为了赚取更多的利益，甚至让孩子在这种环境中工作，不给他们任何身体上的保护，只是把他们作为赚钱的工具。

约翰·雷厄姆·布鲁克斯曾经很长时间供职于消费者协会，他认为我们对城市发展所带来的健康威胁不够重视，甚至表现出一种不予理会的心态。可能，很多人觉得布鲁克斯过分担忧了，可是我觉得他并不是杞人忧天。

例如，在条件极其简陋的工厂里，卫生条件完全不符合要求，生产出来的产品对消费者的身体健康也会带来不利影响；如果一些传染病譬如白喉、猩红热等极易蔓延，势必会给社会造成极大危害。人们纵然可以抗议，也无济于事。虽然消费品中的危害因素会影响人们的健康，但是其根本诱因是人们良知的缺失。

我们现在的社会变得越来越富有，人们的生活也越来越富足。可是，这又能怎么样呢？

我们看到的就是贫富悬殊不断加大，社会秩序越来越混乱，很多贫民的生活是我们无法想象的。

尤其是在我们认为非常富有的大都市中，有很多人仍然吃不饱饭，没有衣服御寒，勉强维持着生活。他们被我们遗忘在城市的角落，没有人关心他们的死活，任由他们自生自灭。

在我们现在的社会中，每年在军队和监狱上的经济支出，远远超过我们在其他方面的支出。在很多人眼里，这似乎是很正常的，而且他们认为，政府应该在这方面加大资金支持力度，这样才可以维护我们的社会安全。

可是，这项资金的支出已经远远超过我们能够承受的范围，尽管政府每年的花销高得惊人，但仍然无法满足这方面的开支需要。

这一切都让我们震惊。可是，现代社会的高度文明无形中掩盖了社会的各种矛盾，展现在我们眼前的是社会的繁荣和国力的强盛。

我们知道，孩子总是根据周围环境来调整自己的行为，因此为孩子选择一个良好的社会环境是很重要的。但是在这样的现实环境中，我们很难找到教育孩子的理想乐园。

我曾经和一个教授一起参观一个慈善机构，这里有很多孩子，都是因为智力问题被遗弃的孤儿。参观完后，教授不解地向我询问："为什么智力很差的孩子可以生活在这么好的环境中，很多非常聪明的孩子却要为他们的生活而努力打拼？"我也无法解释，但是，我可以看出教授对这种行为的不满。

不仅如此，就是那些上了大学的孩子，为了生存也不得不出来讨生活。他们的生活条件是那么恶劣，在寒冷的冬天，只靠点燃报纸所带来的火光取暖，这是多么悲惨的生活。

对于智力或者身体上存在障碍的人，我们更多的是给予他们帮助，让他们健康快乐地成长。可是，我们却忽视了那些身体健全的孩子，他们同样也需要我们的帮助。

我们可能知道一些已经克服厄运，走向胜利的天才，可是，还有很多这样的孩子正生活在困苦中，我们却视而不见，这样无形中就会扼杀很多孩子的天分。

我们个人的力量是微小的，无法立刻改变周围的社会环境，只能努力创造好的家庭环境，让孩子免受社会负面环境的干扰。

父母要保证孩子生活和学习的环境是清洁的、安静的，也要注意光线的问题。为孩子提供的环境应该是有秩序的，而不是凌乱的环境。

慈善机构的工作人员听到我和教授的言论后，感到极为不满，他认为我们忽视了他们工作的重要性。他对我们说："我们生存在高度发达的社会，应该给予每一个生命尊重，并且给予他们生存的权利。"

可是，我们真的这么做了吗？

还是我们仅仅看到了那些天生有残疾的孩子，而忽视了正常的孩子也需要这样的帮助？

如果社会没有关注正常孩子，那作为父母，就更应该给孩子提供帮助。父母要给孩子准备实用的生活设备，尽量满足孩子恰当的物质需要，这样才能帮助孩子成长。

而对于那些父母没有能力的孩子来说，除了尽我们的微薄力量外，只能寄希望于社会，希望社会能帮助他们。

但是，社会的帮助几乎可以忽略不计。我们不需要什么证明，单单看孩子的死亡率就可以说明这一点。在恶劣条件下生活的孩子，没有任何生存保障，他们的生命是那么脆弱。可是，却没有任何人同情或者帮助他们。

在美国，短短几个月的时间里，就有将近两万多人丧生，这是多么惊人的数字啊。在英国也是同样如此。这些是我们统计出来的数字，还有更多的死亡人数未被列入其中。

有一项1901年的数据调查显示，在劳动者中，每26人中就会有一位伤者，每400人中就会出现死亡，这是多么可怕的数据！

直到1902年，铁路上的伤残人数达到了50524人之多，死亡人数达2969人，这是多么庞大的数字。这也使得有关人士开始关心劳动者的生产环境问题，也让他们知道有多少人生活在这些环境中。

如果统计中再加上那些采矿、伐木等行业的劳动者，死亡率更是无法估计，这样我们确确实实地知道我们忽视了多么重要的事情。保险公司也曾做过类似调查，仅仅是在美国，每年死于工伤者大有人在。

我们可能从来不知道，我们现在生活的这个社会死亡人数有多么惊人。这些数字已经超过了任何一个年代，就算是在远古以前的战争年代，因为战争死亡的人都无法和现代死亡的人数相提并论。

可能大家从来没有意识到，1882年至1900年，我们经历了多少次民众的反抗和起义。正是因为民众对现状的不满，才会爆发革命。

统治者可能没有意识到，被作为统治工具的士兵会反叛自己，臣民会对自己不满。文明正在帮助每一个人觉醒，帮助他们成为自己的主人。

社会风气越不好，社会环境越糟糕，父母越要重视环境对孩子的影响。我认为，除了外在环境外，父母还需要保持家庭生活的美满和谐，树立良好的家庭风气，这样就能抵制住社会环境的侵袭。

我们都知道，家庭气氛和家庭成员之间的关系会影响到孩子性格的形成。一个充满敌意甚至暴力的家庭，不会培养出积极乐观的孩子。夫妻之间关系和谐，孩子更容易拥有完善的性格。

而好家风，会促进孩子的健康成长。良好的家庭氛围，是孩子最佳成长环境的重要组成部分，是极其有效的教育手段，对孩子的身心发展有重要的影响作用。

不论何时，父母都应该是孩子最强有力的后盾，父母要多努力，为孩子创造更好的成长环境。

塞德兹教育启示

1.在给予智力或者身体上存在障碍的孩子帮助时，也要注意健全的孩子也需要父母的重视，给予他们应得的尊敬。

2.父母要重视孩子的生存条件，不能让他们在恶劣的条件下生存，要给他们生存的保障，让他们享受生存的权利。

现代社会真的文明吗

我们常常只知道批判其他民族的不足，可是却不审视我们自己。我们犯下的巨大错误，却时常被自己忽视。我们从来不去关注自己的行为，总是认为自己是文明的，是正确的。可是，事实却不是如此，我们也并非最文明的国度，这一切更像是我们自己给自己编织的谎言。

古罗马的角斗，可能对很多现代人来说，是那么凶残和不可容忍的事情。可是，在我们现代社会，在所谓的高度文明中，却发生着更加凶残的事情。

我所谓的残暴更多是突显在道德上的行为，那些行为已经远远超出我们普通的道德观念。

可是，很多人却似乎已经把这当成一件普通的事情，几乎没有任何人对这样的行为提出质疑。不但没有任何的质疑，反而得到社会伦理的认可，这在历史上是绝无仅有的。

在当时角斗游戏十分盛行的罗马，很多人都为此进行辩护。其中就有当时极为著名的哲学家西塞罗。他曾经这么说过："如果男人被迫进入角斗场，这对于他们来说是一场血的洗礼，他们将能够更好地面对未来，这必定有助于他们的成长。"

我们可以这样思考，在角斗场中决斗，能让男人赢得最终的胜利，他能获得全场的掌声，这是所有人对他的敬意。事实上，当时这样的行为虽然受到了谴责，但是，那些谴责的声音几乎是微乎其微的。

当角斗游戏被引入雅典的时候，却遭到了极力的反对，尤其是德谟纳克斯，他曾多次在公开场合反对，拒绝角斗这种惨绝人寰的游戏进入希腊。

德谟纳克斯不是孤立无援的，他的呼声一出，很多支持他的人都一齐呼吁和行动，跟他一起反对角斗游戏。

我们承认，那个时代很需要那样的游戏去激发人们的斗志，但现在，我们完全不必如此。现如今，我们不应把学校当成唯一的希望所在地，而应该从各方面加强对孩子的教育。

很多大学的教育方式是可以让我们放心的。许多大学都会将运动当做立校之本，尤其是足球运动，更是学校极力倡导的运动。他们认为，这项运动可以帮助孩子得到全面地锻炼，并且可以帮助孩子学会团队精神。

我们是需要帮助孩子磨练他们的意志，激发斗志，但绝不是以暴力的方式。事实上，父母完全可以让孩子从身边的小事做起。持之以恒，是磨炼孩子意志的最好方法。

人类就如蝙蝠一样，从来没有真正看清自己的行为，并且时时刻刻掩饰自己的罪行。这样，不仅仅掩饰了自己的过错，还得到了别人的赞同。可是，这些问题却是与我们每一个人息息相关的，遗憾的是，没有一个人注意到这个问题。

我们都知道，一个星期有七天的时间，可是我们六天的时间都在进行罪恶的行径。无论是政治活动，还是商业活动，我们从来没有停止自己的罪恶。

但是，第七天的时候，我们却像变了一个人似的，开始祈祷、开始奉献自己的爱心，这些行为反而让人觉得讽刺。

我们每天看到报纸，会发现各种各样的新闻，有很多是对我们的罪行进行谴责的真实报道，还有很多是我们一直不愿意接受的婴儿死亡人数，这些都是那么的残忍。

我们每天都可以看到周围的人对一些事情做出不公正、不合理的判决或者行为，看到各种疾病蔓延，这些都是我们不能容忍的，可是，对于这些我们的不忍只是短暂的，因为在下一个阶段，我们可能就会忘记这些曾经的罪恶。

我们的社会是这么罪恶和不堪，可是，我们已经麻木不仁，根本无法对这些罪行形成正确的认知。我们的社会已经是千疮百孔，可是我们依然认为社会是文明的，是世界上最先进的社会，是别人所无法超越的，即便我们可能已经十分脆弱了。

我们看到周围的人一直在传颂各种教会歌曲，歌颂上帝。但是，在另外一些场合却人头攒动，比如足球、篮球、棒球等比赛场上。

这里到处都是人，整个场内人声鼎沸，到处是我们的喝彩声和加油声。这时，我们才真正地懂得，原来我们一直是崇尚暴力的。所以，我们根本就是暴力的民族，只不过是用文明来掩饰我们暴力的行径，这才是我们的真正面目。

我们每天看见的报纸，只不过是反映我们社会问题的一个方面。

我们可以在上面看到很多政治巨头的名字，可以看到高级金融者的身影，甚至连高利贷以及借贷者我们也可以略见。还有很多名人大家的丑闻，似乎已经充满了报纸的版面。由此，不难看出，社会将关注点更多地集中在这些有权有势的人身上，他们才是社会关注的焦点。

塞德兹教育启示

1.人类的本性是崇尚暴力的，父母可以让孩子参与一些运动，让孩子得到全面地锻炼，帮助孩子学会团队精神。

2.社会将关注点更多地集中在有权有势的人身上，父母要避免让孩子受到不良影响，变得只重视物质或者体力。

达尔文影响下的教育认知

在我们这个所谓文明的时代，我们为了获取更多的剩余价值，连孩子都不曾怜惜过。有多少无良老板强迫孩子给他们打工，给他们极少的工资，却要求他们每天工作超过了十小时。更令人气愤的是，那些人却可以安然入睡，并且第二天继续榨取孩子的劳动力。

换一种文明的理解方法，如果我们将贫民窟中的孩子以及被强迫劳作的孩子通通忽略，那么，我认为我们的社会勉强可以算是文明社会。但是，我们是否可以真的就这样眼睁睁地将他们抛出这个世界，剔除他们？难道，这样我们就可以真的实现文明吗？

我觉得不是的，我们这样只是在自欺欺人，不会摆脱自己良心的谴责。

现在很多老师仅仅是笼统地教授课本的知识，照本宣科，他们并没有自己的观点和看法，也没有任何新意和创造性思想。换句话说，他们根本就不了解教育的真谛。

在19世纪，曾经有一位历史学家预言过文明世界的样子。他认为，在文明世界中将不会存在杀戮，所有的一切都可以和谐共处。在那个世界里，即使是豹子或者老虎都是可以和山羊共存的，它们之间没有强者和弱者，也没有杀戮。我们人类之间更是如此，各个国家之间不会再有战争，而是和谐共处，而且每一个人都会接受这样的事实。

现在，我们再重新审视一下这位历史学家的话语，更多的人认为他是盲目的，他的话没有任何实现的可能。因为，即使到现在为止，我们的战争仍然没有结束，各个国家之间仍然存在杀戮。而且，很多战争都是我们这些文明的国度挑起的，这样我们情何以堪？

国家无论文明与否，都没有停止过战争。他们不断地训练精兵强将，发展自己的军队和武器，并且一次一次地扩大军费支出，从这些行为中，我们看不到任何想要停止战争的欲望。

这些战争不会停止，我们唯一可以做的，就是尽量避免战争对我们造成伤害，学会自己保护自己。

可是现在，我们的教育者更多的是让孩子知道"物竞天择，适者生存"的道理，让他们知道只有强者才能在这个世界上生存，弱者只可能被消灭，这是多么残忍。这些教育者是在为战争做掩护，让我们的孩子从一出生就认同他们的行径，并且加入他们。

在这样的教育下成长起来的孩子，他们只会想尽办法让自己变成强者，而不会去同情弱者，甚至会因为打败弱者而流出一丝笑意。

的确，在竞争社会里，培养竞争意识的必要性是不言而喻的。想让孩子成功的父母，就应该有意识地努力培养、小心呵护孩子的竞争意识，激发孩子的潜能。

可是，这样也会带来负面结果。长此已往，孩子不会感觉到这样的行为是惨绝人寰的，甚至会愿意为此而奋斗一生。这样，我们的生活将长期存在于原始状态，我们不会停止杀戮和战争，我们仍然生活在暴力和掠杀之中，只不过换了一种形式而已。

一些所谓的爱以及和平，可能根本就不会出现在我们的世界中，它更多的只会出现在有宗教信仰的人们的心中，我们是无法实现的。

因为，我们每个人已经适应了进化理论，我们需要让自己变得强大，才能打败弱者，让自己生存下来。所以，我们没有同情和怜悯之心，一切可能仅仅是幻想而已。

这种生活，实在不是我想要的。在我看来，同情心是孩子人格中很重要的一种情感，也是孩子走向善良的基础。要想让男孩具有善良的品质，就得先要让他能够对人和事具有一定的同情心，用友好善良的心来看人看事。

然而，在进化论的认知下，我们把所有对弱者的同情都抛弃了，因为，我们一旦停留在同情，我们将会被社会所遗弃。

事实并非如此。孩子具有了同情心，能够更真诚地去理解别人，也能够更具有宽容心，对不幸者表示关心，愿意提供自己的帮助，自身也能获得进步。

有些人认为，我们必须野蛮起来，这样我们才能强大，才能在这个社会中生存下来，并且最终赢得胜利，我并不赞同。这所有的认知，都是在进化论的影响下而形成的。

我们不仅要让自己强大，不仅要竞争，还要学会合作。如果孩子不懂得与他人合作，会导致他们心胸狭窄、自私。父母要帮助孩子改变思维方式，正确对待竞争和合作。

塞德兹教育启示

1.父母在教孩子时，要避免笼统地教授课本的知识，要有自己的观点和看法。如果只是照本宣科，没有任何新意，就不是真正的教育。

2.强大与同情并不矛盾，父母要培养孩子的同情心，让他们在强大自身的同时，也能给予弱者同情和帮助。

针对孩子的特性进行教育

　　我认为对孩子进行针对性教育是十分重要的，孩子之间存在很大的差异，每个孩子的个性都是不同的，我们应该清晰地了解每一个孩子的特性，并对他们进行教育和培养。

　　教育的目的就是要开发每个孩子的差异性、独立性和创造性。父母只有了解孩子的特点，才会更好地教育孩子，减少孩子成长路上的挫折，起到事半功倍的教育效果。

　　首先，我们需要培养孩子的品行，让孩子成为一个善良的人；其次，我们要给予孩子自由，并让其成长为对社会有用之人。这些是非常重要的。

　　当然，受成长环境、遗传等因素的影响，孩子的性格会呈现各自不同的特点。父母应该在平时生活中多观察孩子的行为，了解他们的性格，根据他们不同的性格特点采取不同的教育方式。

　　对于政党或者宗教，我都不是很喜欢。因为，这些东西在我看来，更像是政府绑架我们思想意识的工具，所以，对待这些问题请大家谨慎小心。

　　我们这个社会已经处于罪恶和杀戮之中，所以，我并不认为社会需要压迫人民的暴君，和无良的奸商。我们也不希望成为被别人控制的工具，帮助别人做一些自己不喜欢的事情。我们真正需要的是爱，需要给社会注入新的希望。

我们对孩子进行教育，不就是因为孩子是社会的未来和希望吗？所以，我们应该将他们培养成有道德、有理想的公民。只有这样，社会才有希望。

对于孩子来说，他们可以对事物作出正确的判断和认知，成为一个独立的人，成为真正的公民，是一件值得骄傲的事情。

要让孩子成为这样的公民：他们明白是非黑白，有自己的主见和认知。当他们面对恶势力的压迫时，他们有勇气去反抗；当他们面对世界时，知道何为正确何为错误。只有这样的公民，才是我们真正需要的公民，才能够帮助社会的发展和进步。

我认为，教育最主要的就是应该教孩子学会面对社会现实，这也是最重要的。可是，我们目前的教育经常忽视它。

同时，有很多不负责任的老师对教育没有热情。他们的教育仅仅是停留在学生能够顺利毕业的目标上，没有任何建设性的教学行为。

还有很多教师对于自己的工作敷衍了事，没有更多的投入和钻研。他们对于每一个孩子都给予同样的教育方法，没有为天才准备独特教育法，反而给予资质平庸的孩子更多的鼓励和照顾。这样的教育，只会使天才消失。

世界上没有两片相同的树叶，也没有两个完全相同的孩子。因此，如果学校的教育经验一成不变，不懂得因材、因地、因时施教，很难取得好的教育效果。

可是，这些平庸的教育者反而成为圣人，受到人们的尊敬。作为学校的管理者，他们的责任就是为学校选择优秀的教学人才。可是，他们更多的不是在为孩子着想，而是仅仅为工作而工作。他们每一个人都是抱着这样的态度工作，又怎会全心全意地对孩子进行教育呢？

所以，对于学校教育来说，这样的教育是失败的，教师应该具有一定的职业道德。但是，现在很多教师却缺乏工作热情。他们对学生教育仅仅是按照已有的模板进行复制，而不是根据孩子的特性进行培养，这样教育出来的孩子又怎会成为天才？可是，老师不但没有认识到自己的失误，反而为自己的行为沾沾自喜。

传统的教育很大程度上是一种单一、机械的模式化教育，面对兴趣爱好、知识基础、认知结构、能力水平千差万别的孩子，往往采取的是同样的教育方式，实践证明，这种教育方式是失败的。

父母要考虑到孩子的实际情况，根据孩子的身心发展特点以及接受水平来选择适合孩子的教育方法，帮助孩子快乐成长。

孩子是社会的未来，我们将孩子交到那些对教育没有任何热情的人手中，无疑会带来不良的结果。他们对于教育没有任何激情，有的只是对教育的憎恨和埋怨，这一切都是那么让我们失望。

他们这些人，仅仅是将教育作为他们获得别人认可和尊敬的手段，他们更多的是在卖弄和炫耀自己，而不是真心要塑造孩子和帮助孩子成为真正的有用之人或者成长为天才。

在这样的教育下，孩子又怎会成为天才？他们没有照顾到孩子的个性化需求，更没有根据孩子的特性帮助孩子发展。这样培育出来的孩子只能是俗物，没有任何独立行事的能力。

不可否认，教育有一些普遍的、共同的规律，正是基于这一点，前人的教育经验才能历经岁月的洗礼而流传下来，对后来人产生指导作用。后来的老师也可以借助前人的经验，迅速成为成熟的教育者，给孩子更加合理与适宜的教育。

但是，这些老师并不用心，往往忽视了经验的"软环境"，一味地按照固定的教学模式教学，很难帮助孩子健康成长。

此时，就需要父母及时给予孩子好的家庭教育。家庭教育，要因人、因时、因地而不同，父母要将教育经验的精髓融合在自己的知识经验中，化为适合自己孩子的教育方法，就能取得满意的效果。

在进行家庭教育时，父母面临的是一群懂得思考、身心也不断发展变化的孩子。因为所处环境和时代的差异，以及孩子各自的个性特点，使得"模板"教育难以发挥作用。

因此，父母一定要根据自身的情况，结合孩子的特点，灵活地指导孩子的学习和生活。如果没有好的教育方法，可以选择性地学习和借鉴他人经验中对自己有益的精髓，培养出有个性和灵性的优秀孩子。

我们似乎从一开始就没有注重过孩子的个性化教育，在学校中到处都弥漫着金钱的味道，大家都似乎已经习以为常了。可是，这对于教育来说，无异于晴天霹雳。

然而，更令人费解的是，大家几乎要把企业的运营模式完全搬到学校中来，让学校成为另一个企业，这是我们想要的吗？可以肯定地说，这样的管理模式并不利于学校的发展。

因为，学校不同于企业，商人经营企业的模式也无法运用于学校的运行当中，这就好比是科学家是不可能经营好饭店是一样的道理。

可是，我们现在的学校管理者似乎听不到这些言论，他们仍然将这种运营方式运用到学校中。许多人因此向学校提出抗议，可是，并没有任何学校听取他们的意见，反而觉得学校的做法是在顺应时代发展的浪潮。

学校不但没有改变自己的做法，相反，他们极为肯定自己的行为，这让我们无法理解。这样的教学方式长期进行下去，对我们社会的发展和人才的教育将是极为不利的。

很多人都接受过我们现在的教育模式，我们很清楚地知道，这些教育工作者是多么的排斥新奇和富有创意的想法。他们压制孩子的想象力，让孩子按照他们的思维模式进行思考，这样的教育不会出现天才，只会教育出一批俗物和庸才。

塞德兹教育启示

1.父母需要给予孩子自由，并培养孩子的品行，让孩子成为一个善良的人，一个对社会有用的人。

2.父母不应该压制孩子的想象力，让孩子按照他们的思维模式进行思考，而应鼓励孩子提出新奇和富有创意的想法。

让孩子接受真实的世界

正如我们之前所讲的那样，习惯不是马上就可以改变的，这需要我们每一个人的努力。同时，也不是每一个人都可以接受打破自己所在社会的规则。

我们一直鼓励孩子的个性发展、思维创新意识以及自我调控和自我认知的能力，这才是真正有助于孩子的发展。

当我们发现孩子在发展这些能力的时候，不要制止他们，而要让他们自由地发展，给予他们空间和时间，不要干预，要相信孩子的能力。只有这样，孩子才能够真正地长成社会需要的人才。

对于孩子的错误，我们应该小心地进行批评。孩子是十分弱小的，他们的心灵还不是特别健全，需要我们的呵护。

同时，命令式的语言，也不要轻易对孩子使用。否则，教育会在孩子心目中培养起一种威严。长此下去，会使他们的思维变得僵固，失去自己的判断力，并最终失去自己的思维，使自己的思想又回到原始的状态，变得只会顺应和服从。

当孩子5岁的时候，他们的问题变化逐渐增多。这个时候是孩子探索世界的时候，他们会有很多的奇思妙想，请不要阻止他们，让他们尽情地去发挥自己的想象力。

当父母看到他们的这种表现，应该给予鼓励和帮助。同时，帮助孩子开发自身的潜能，培养孩子的正确认知，让孩子能够最大限度地发挥自己的潜能，实现自我完善。

我们不应该一味地让孩子服从，或者抑制孩子的某些能量，这样不利于孩子的发展。无论是什么方面的能力，只要是孩子的兴趣所在，我们就应该给予帮助和支持。面对孩子的相关提问，也应该给予解答。

很多父母仅仅只是要求孩子达到分数上的进步或者提升，并以此作为判断孩子好坏的标准，这不是明智之举。孩子不应该被这样对待，他们需要关心和理解，不应该以一个方面的不足而扼杀孩子其他方面的才能。我们不能抑制孩子的思维，要知道我们没有任何权利去决定一个人的自由。

对孩子进行教育，无论是平庸的孩子还是有天分的孩子，最重要的就是让孩子学到知识以及形成正确的认知。

无论是虚伪或者丑陋，孩子都不会因为年幼而更加害怕，我们不需为孩子编织各种谎言，这一切只会适得其反。孩子在接受这些思想的时候，也就是他们认知的形成过程，他们会用自己的力量学会适应这个社会。

如果一个人满足于他现在的状态时，即使他拥有很高的才能也无济于事，他只可能依附于宗教，不会对社会有任何不满和看法。这样的他不会从社会的变化和发展得到灵感，更不会对此进行创新和研发。他们更多的是满足感，不会有自己的任何看法，也不会为了人类的发展而努力。

所谓的教育，并不是我们认为的就是培养孩子对社会的美好感觉，我们不需要给他们编织谎言。教育的真正目的其实是让每一个孩子都能对世界有一个正确的认知，能够真正地认知社会，不再被社会所欺瞒，这才是我们对孩子进行教育的真正目标。

自由教育应该是我们现代社会极力倡导的，因为自由可以让我们不被蒙蔽，可以让我们做回真正的自我。这才是社会发展所需要的，只有这样的教育模式才能教育出真正有用之才。

同时，父母也应该明白教育孩子的真谛，孩子的教育并不是谎言和欺瞒。他们不需要这些，也不需要我们为他们这么做，他们有能力接受现实的一切，我们应该让他们知道真相。

对待孩子，我们不应害怕他们无法接受这个世界，孩子在幼年的时候有着极强的适应性。所以，我们要做的就是让他们真正看清世界的面貌，并让他们学会面对这个世界。只有这样，孩子在长大后，才知道如何面对这个世界，让自己可以接受这一切，并且适应它们。

塞德兹教育启示

1.父母要鼓励孩子的个性发展、思维创新、自我调控和自我认知，给予他们空间和时间，让他们自己成长。

2.对于孩子的错误，父母应该小心地进行批评；对于命令式的语言，请谨慎地对待，不要轻易对孩子使用。

开展早期教育的最佳时机

对于幼儿进行早期教育，到底什么时间才是最好的？

每一个孩子都有自己的特性，都有自己适合早教的时候。如果我们笼统地制定早教的时间，并不是所有的孩子都会得到益处，相反，可能会对一些孩子造成不利的影响。

但是，普遍来讲，对于孩子教育的最佳时期，我认为是在孩子2岁到3岁之间。因为，这个阶段正是孩子充满好奇的时候，对周围的一切都充满了兴趣。如果我们可以抓住这个时间对孩子进行教育，那么对于孩子未来的成长将是非常重要的。

因为这个阶段是孩子兴趣、爱好的培养阶段，如果我们在这个阶段使孩子培养出对某项事物的兴趣、爱好，那么，这个爱好将会伴随孩子一生。爱好将会对孩子产生极大的影响，当他们面对知识或者其他事情的时候，都会表现出儿时的状态，全心全意地投入进去。

有些父母认为，我们不应该在这个时候进行教育，这应该是孩子享受人生的时刻。但是，这些想法是不正确的，接受教育是个快乐的过程，痛苦是大人制造出来的。

这个时间对孩子是重要的。如果我们错过了这个时间，那么对于孩子来说将是可怕的，孩子将没有办法规范自己的行为，也无法找到正确的行为参考，这是我们不希望看到的。

塞德兹教育启示

1.对孩子进行教育的最佳时期是2岁到3岁之间，因为这个阶段正是孩子充满好奇的时候，会对周围的一切都感到十分的好奇，吸收知识的能力也最强。

2.在进行早期教育时，可以对孩子的兴趣、爱好进行培养，那么，这个爱好将会伴随孩子一生不变。

让孩子明确自己的学习目的

我们不得不说古希腊社会是高度文明的社会，亚里士多德为古希腊社会的发展做出了自己的努力，奠定了古希腊人民对知识的热忱。相对于其他民族，这无疑是先进的。

可是，有多少民族变成了文明的民族？现在，很多人仍然停留在野蛮时代，无论是学校还是其他地方，都没有多少人真正地表现出对知识的重视。

我只能说，古希腊人在很久之前就已经了解教育，知道如何对孩子进行教育。他们能够通过自己的方法激发大脑所蕴藏的能量。在这个过程中，他们不害怕孩子受到伤害，他们认为这个过程可以帮助孩子成长。所以，古希腊人的后代是那样的强壮，并且富有丰富的想象力。

可是，在现代教育中，我们几乎把希腊人的教育理念抛除在外，没有任何遗留的痕迹。现在的学校更像是一个工厂，只是在按照自己的意愿去机械地生产出满意的学生。

同时，学生的目的也很直接，无论是什么专业，他们无一例外地是为了挣钱才来到这里进行学习。如果我们每一个人都是抱着这样的学习态度，又如何会学到真正的知识呢？

我们不是在学习知识，而是在学习赚钱技能，很多孩子都认为，只有真正地掌握这些技能才能适应社会。可是，他们这样无疑是把上大学当成是学习赚钱技能的一种方式。

这些孩子之所以会这样，是因为他们没有了解学习的真谛。父母要让孩子知道，每个人的生活都离不开学习，学习是人与环境保持平衡、维持生存和发展所必需的条件，也是人类适应环境的手段。

作为刚刚进入这个世界，除了先天遗传得来的本能而别无技能的孩子来说，学习就更重要了。因为先天遗传得来的本能只能让他们适应相对固定或者变化较小而缓慢的外界环境。

只有不断地学习，他们才能更好地适应不断变化的环境和复杂的社会。不学习，人就不能独立地生存下去，更谈不上将来能够生活得更好；不学习，人类社会就永远不能获得发展。

有些孩子也知道学习很重要，但却缺乏学习的动力，主要是因为他们心中没有明确的学习目标，没有理想的引导。

什么是理想呢? 理想就是人生的奋斗目标，是对未来生活的追求，是对未来社会的向往。孩子们最富于理想，最有雄心壮志。作为父母，要爱护孩子们那天真、纯洁的向往未来的美好理想，并促使孩子为了理想而努力奋斗。

理想是一个人在学习、生活、事业中，所追求的最长远、最高的目标，它是从人们所受的教育、学习、生活实践过程中逐渐形成的。

孩子有了理想就会朝着既定的方向迈进，就会在事业上创造出成绩。而且孩子追求的目标越高，他的才能发展得就越快，对社会就越有益，反之，孩子没有理想，就会失去前进的方向和动力，就会浑浑噩噩的混日子。

对孩子进行人生理想教育，是家庭教育中一项重要内容，父母应注意做好这方面的工作。教育孩子的目的，就是开发孩子的智力，培养他们成才，然后服务于社会，为社会创造财富。所以，父母一定要帮助孩子树立理想，在实现理想的同时为社会做出贡献。

我曾经看到一个大学工作人员的记录本，里面重点标注的专业是我十分惊奇的专业。例如，美容美发、工业制造、园艺、美工、以及服装等专业。

如果我仅仅是看这个本子，我根本不会想到，这是一个大学工作人员的记录本，我可能会认为它是某公司的，或者是某一个服装厂的促销单。难道我们的大学所开设的专业，仅仅只能是这些赚钱的专业吗？

这难道真是我们想要的教育目标吗？将我们的学校变成一个工程队或是一个美容美发屋，就是我们的教育目的？我们的社会教育难道不是为国家培养人才吗？如果我们真的把学校办成这个样子，我们又如何成为优秀的公民？又如何要求自己的社会实现文明？

很多人认为，学校教育应该与实践相结合，这样学校的教育才具有实效性。于是，学校开设了各种各样的实践课程，因为这些课程可以帮助学校吸引更多学生。这样，我们的教育也逐渐偏离了正确的轨道。

塞德兹教育启示

1.在对孩子进行教育时，要激发孩子的大脑所蕴藏的能量，不要害怕孩子会受到伤害，而要让他们在这个过程中成长。

2.父母要让孩子拥有更高的学习目的，而非单纯地为了赚钱而学习。如果孩子抱着赚钱的态度来学习，很难学到真正的知识。

不要让教育被商业充斥

曾经有一位思想家这样说过："如果你是一个心智清醒的人，你会不断地更新自己的知识。同时，会不断开阔自己的视野，完善自己的思维能力。"这位思想家就是约翰·穆勒。

我们必须要知道，孩子的身上蕴藏着巨大的潜力，教育的目标就是要将孩子的潜能激发出来。我们应该为孩子的成才，尤其是天才儿童的发育建立完善的教育配置。只有这样，才能真正培育出优秀的下一代。

穆勒曾经这样说过，教育是社会发展的巨大推动力，也是孩子成长路途中的奠基石。只有正确的教育理念，才能培养出优秀的人才。同时，家庭对孩子的影响也不可忽视，而且对孩子的教育也起着极为关键的作用。如果家庭教育中充斥着过多利益的纠葛，将极不利于孩子的成长，也不会培养出真正对社会有贡献之人。

在美国社会中，有这样一种典型的生活方式。作为有钱人，贵妇喜欢购物或者和一群人去喝下午茶消磨时间。她们的女儿也喜欢出现在这样的场合，哼上一曲或者弹上一段最近新学的曲子。可能，她们唱得非常难听，但是没关系，她们只是在享受这个过程所带来的快乐，其他的一切都不重要。

作为父亲，男人们忙碌于自己的工作，并且喜欢私下玩一些小游戏，这就是他们的兴趣和爱好。很多时候，他们都表现出愚昧和无知。因为他们并不喜欢提高自身的修养和知识水平，他们只是喜欢在别人面前炫耀自己。

当听说一个十几岁的孩子，竟然不会读和写，甚至连最基本的常识都不懂的时候，我们可能会感觉十分的惊讶。这个孩子到底在干什么，他之前没有学习过读或者写吗？他生活在哪里啊？可能是十分偏远或者贫穷的地方吧？这是我们的猜测。

在家庭的教育模式下，培养出这些资质一般的孩子，这正好也是学校教育体制的培养方式。

穆勒这样评价大学教育："上大学无法使一个资质一般的人变成天才，就好比剑桥大学，每年都会授予很多平常人学位，这什么都代表不了。"

现在美国的学校，到处都充斥着金钱的味道，学生会因为自己取得的成就而兴奋和欢呼。他们也没有察觉到，自己所在的学校已经被金钱所包围，他们只看到自己所获得的眼前利益。

现在的学校并不试图从孩子身上发现一些天赋或者神奇的地方，他们的关注点并不在此。他们关注的更多是这些学生是否违反学校的纪律，是否按照学校的规章制度严格要求自己的行为。如果他们发现孩子有任何异常的举动，就会毫不留情地将孩子逐出学校大门。

现代学校并不是在对孩子进行教育，而是在教育的谎言下，进行一场类似于角斗游戏的争斗。学校所奉行的就是将那些真正的天才学生迁离他们的群体，因为与学校的老师相比，他们是那么优异。

所以，在我看来，我们现在所运行的教育制度完全不利于孩子的成长，尤其是很有天分的孩子。学校仅仅是服务于一般的孩子，而忽视了具有特殊要求的孩子。

塞德兹教育启示

1.父母必须要知道，孩子的身上蕴藏着巨大的潜力，父母要将孩子的潜能激发出来，让孩子成为真正的人才。

2.家庭教育对孩子的影响是不可忽视，而且起着极为关键的作用。父母要避免家庭教育中充斥着过多利益的纠葛，否则会极不利于孩子的成长。

教育要给孩子自由和空间

现在的学校会强迫性地要求学生学习与未来社会实践相结合的课程，无论学生是否愿意都要接受。男生可能要学习一些跟电力或者修理相关的课程，女生则被要求学一些缝纫或者烹饪等相关课程，基本上每一所学校都会开设这样的课程。

这是对孩子的不尊重，也是对他们自由的侵犯，这种强制性的学习，很难取得好的效果。即使能创造出价值，也是微乎其微。

孩子是一个独立、平等的生命个体，不是一粒棋子，可以被随意摆布。即使是老师，也无权剥夺孩子学习的自由，也没有权利不给予孩子应有的尊重和平等。

然而，在大学里，像篮球协会、足球协会这样的协会都是十分受重视的协会。因为，在他们眼中，这些协会是可以帮助学校获得利益的社团。所以，很多人就会认为这些协会会对他们的未来产生极大的帮助，无论是在事业还是学业上，都有助于自己的成长和发展。

所以，教育的存在是为了让学生可以赚到更多的钱，这才是学校教育存在的原因。在学校，很少有人认为教育是为了让孩子更好地成长和获得未来的发展。

现在，所有的人都已经认同了这样的教育理念，没有人对此提出质疑。这里变成了俗物的培养地，没有天才诞生，剩下的只是一个个体格健硕的庸才，这就是我们的现代教育。

这样的教育理念似乎已经蒙蔽了所有人的双眼，人们已经不期待学校可以教授出优秀的人才，更不会要求学生会有多么高的文学或者学术造诣。这一切都使我感到失望不已！

在一所大学，很多学生拥有健硕的身体，可他们的思想却是一片空白，他们对于思想没有任何兴趣和想法，他们的爱好仅仅停留在各种运动上。

在家庭教育中也存在很多问题。现在很多父母都喜欢让孩子遵守他们的命令，而不考虑孩子的想法，这是十分不好的做法。

父母忽视了孩子的内心，只是以一个强者的身份出现在孩子面前，用命令的语气和孩子说话，完全不给孩子任何思想的自由，无视了孩子的独立意识。

如果孩子长期生活在这样的环境中，会缺乏主动性，形成懦弱的性格，失去真正的自我；或是走向叛逆的道路，不利于孩子完善人格的形成。

在这样极为不利于孩子成长的环境中，孩子会变成一个自制力非常差的人。最终，他们可能没有独立思考甚至生活的能力，这对于孩子来说是可悲的。

父母在生活中要注意对孩子的教育，尽量不要命令孩子，而应该给孩子充分的自由和空间，让他们按照自己的选择去发展和提升自我。

即使孩子的选择不是最好的，但只要他们的选择有益于自身和社会，父母就要学会放手，让孩子自由自在地发展。

这就像是我们国家的教育，国家长期将教育致力于束缚孩子的意志上，甚至扭曲他们原来的判断力，这样培养出来的孩子势必会偏离健康成长的轨道，这是我所不愿意看到的。

望子成龙是每位父母的美好愿望，父母按照自己的意愿为孩子选择成才的道路，而忽视了孩子本身的兴趣和爱好。他们指挥孩子，让孩子无条件地服从父母的安排。

现在的教育，无论是家庭教育还是学校教育，他们都把孩子设定在一定的规章制度中，让孩子在这个范围中活动，剥夺了孩子的自由。渐渐地，孩子失去了原有的想法，变得呆板、愚昧。

大学也是如此，他们用各种规章制度将学生困在里面，并且还因此感到满足。他们觉得这是多么伟大的成就，他们让学生都变成了有素质、有修养、懂礼节的人。

我希望大家真的理解孩子，不要再用这些礼法和制度约束孩子，这样并不利于孩子人格的形成。孩子需要的是自由和空间，约束对于他们来说，更像是折磨。

我们要把孩子培养成具有健康人格的人，而这具体体现在一个人能够自由、有选择地支配自己的行为。这种自由感不是凭空产生的，其中，很大一部分来自童年时期对自由支配时间的体验，所以父母一定要重视。

我们可以以另一个事实作为例子。很多人们都知道战争时期的部队和军校有着严格的制度和体系，没有任何自由。这是好的教育吗？他们仅仅是用纪律来维持他们的部队和教育，这不是好的。如果这样就可以称之为好，那么，监狱也不会很差，可是又有谁愿意去监狱生活呢？

塞德兹教育启示

1.在家庭教育中，父母喜欢让孩子遵守他们的命令，而不考虑孩子的想法，完全不给孩子任何思想的自由，会让孩子失去独立思考甚至生活的能力。

2.父母不要用礼法和制度去约束孩子，这样会让他们变得呆板、愚昧。孩子需要的自由和空间，而不是牢笼。

早期教育影响孩子一生的成败

长期从事人类心理研究的我，可以负责任的告诉大家，我治疗了很多的病人。但是，没有一个病人是因为仅仅受到一点刺激而患病，或者是因为长期用功读书而使自己大脑衰竭的。

一直有很多心理或者病理学专家认为，引发精神疾病的原因最主要是由于长期处在精神极度紧张或者压抑的环境中，这也是我们对孩子的担心。

我们一直害怕孩子过度使用大脑，怕孩子出现任何一点危险或者困难。可是，很多人却不知道，这样的行为正在使孩子错过最佳的早教时间，孩子最需要的是帮助他们开发智力。

如果我们错过了这个时间，将很难找到这样的时机对孩子进行智力开发。可是，在孩子长大以后，父母却又强迫孩子学习各种知识，这无异于违背自然发展的规律。

长此已久，我们就会看到一个精神崩溃、身心俱疲的孩子，这是所有人都不愿意看到的事情。

如果一个明智的家长并没有忽视孩子的早教，而是帮助孩子慢慢地开发智力，帮助孩子成长，这对于孩子将是受益终生的。孩子的大脑将会像身体其他器官一样，不断成长和完善。

　　我们家长应该怎么做呢？其实很简单，就是让孩子自由地接受周围的一切，渐渐地培养孩子的爱好，不要强迫孩子学一些东西，让孩子自由选择。

　　如果在孩子小的时候，可以这样培养孩子，那么，孩子长大后将会自然而然地爱上学习，愿意投入到学习中去。同时，他们也会在学习的过程中找到自己的兴趣点，渐渐地投入进去。

　　这样，孩子无论是在智力发育上，还是身体健康上，都会发展得十分完善，并且将远远优于没有进行早教的孩子。

　　那些没有进行过早期教育的孩子，他们似乎像动物一样，生活在人类的原始状态，没有体验到任何促进智力发展的因素。相反，进行过早教的孩子，他们的内心有着强烈的获取知识的欲望。

　　对孩子进行早期教育，无论是对孩子将来的学习，还是未来的工作，都会有极为重要的帮助。他们会展现出热忱和活力，什么都无法成为他们的绊脚石。他们很容易接受新的知识，疾病也会远离他们，他们的生活是那么的幸福和快乐，没有过多的烦恼和忧愁。

　　这样，等到孩子十多岁的时候，父母会发现，孩子很容易接受新的事物，并且他们的智力超乎常人。大家不要觉得不可思议，因为我就是接受这样的教育走过来的，这是正确的教导方法，也是家长可以做到的。

　　同时，另一个方面看，从我们的孩子将进入学校的那一刻开始，也就开始了漫长的学习生涯，我们不知道什么时候会结束。孩子将每天都要学习，我们将金钱给予那些平庸的老师，以至于到了后来会觉得不值得，甚至想要开始省掉这笔钱。

　　我想说的并不是我们不愿意在孩子教育上付出，而是希望可以更有效率地培养孩子，让孩子自己掌握学习的技能。

　　我给大家举个例子，我认识一个小男孩，他和一般的小孩子不一样。他非常优秀，并且非常喜欢学习，无需大人指导，他就可以让自己投入到学习中，并且获取自己想要的知识。

小男孩的父母都没有管教过他，他们给予孩子自由的学习空间，让孩子从中找到自己想要的兴趣点，而这些行为让孩子十分愿意学习。

一般这个年龄的孩子，还在学校里做着各种功课，一边做一边不停地抱怨。但是，此时这个孩子已经进入了大学，开始让自己畅游在天文地理的知识海洋。他对周围的一切都充满了热忱，并且乐此不疲地获取自己感兴趣的知识。

小男孩的兴趣十分广泛，很多很深奥的书籍，他都可以倒背如流，例如《伊利亚特》以及《奥德赛》等书籍。

他还博览群书，许多书籍不仅可以读，而且还可以分析出作者当时的心态和感觉，这是多么了不起。

塞德兹教育启示

1.父母不要总害怕孩子过度使用大脑，而应该在最佳的早教时期帮助孩子开发智力。如果错过了这个时期，将很难找到这样的时间段对孩子进行教育。

2.父母舍得在孩子的教育上投资，这是好事，但更重要的是，父母要努力让孩子自己掌握学习的技能。

帮孩子建造健康的精神世界

孩子的精神世界是应该值得我们大人注意的一个问题，因为这关系到孩子未来的生活和成长。这就好比孩子在一出生就应该注射各种疫苗，以帮助孩子对抗各种外来疾病。

我认为，对于孩子内心的精神建构来说，最重要的就是让孩子拥有获取知识的能力以及建立自身的评价体系。这些可以帮助孩子真正的建立自己内心的精神世界，帮助孩子对世界形成正确的认知，以及如何对社会的现实作出自己的判断和内心的意识。

作为孩子，他们没有任何能力来抵御外界对他们的精神世界带来的威胁。外部世界有很多危害孩子内心的事物存在，他们没有抵抗能力，很容易受到外界因素的影响，因此变得脆弱不堪。

但是，在很多家庭教育中，父母对孩子健康的关心，大多数还仅仅停留在身体上。

他们常常对孩子饮食、穿着等关怀备至，对孩子的精神世界却不闻不问。

孩子的精神世界也会出现问题，而且问题的重要性远远超过身体健康。孩子一些小心理问题得不到解决，就可能逐渐扩大，慢慢地发展成心理疾病，甚至可能导致孩子的精神世界完全崩溃。

这对于孩子的成长是不利的，我们需要帮助孩子拥有坚强的内心。孩子的内心是否坚强，反映在他对待困难与挫折的理智程度以及他的社会风险意识和对自我思想、情绪、行为的控制能力等方面。

如果孩子的内心没有得到很好的发展，那么他们将很容易被外在的事物所迷惑，没有自己独立思考的能力，变成一个社会的依附品。

无论是在政治上还是宗教上，他们将可能变成一个普通的追随者，因为他们没有自己的正确认知。这一切对于他们来说，将是巨大的灾难。

一个内心不够强大的孩子，会表现出退缩、耐性差、懦弱、焦虑和自卑等特质，面对困难他缺乏坚持，面对自己不熟悉不擅长的领域，他宁可不做，因为不做就不会输。

一个内心足够坚强的孩子，情绪稳定，意志顽强，积极进取。他敢于冒险，乐于尝试新鲜陌生的领域，面对挫折和变化也能保持乐观，百折不挠，愈战愈勇。

帮助孩子的心理得到成长，帮助孩子建立强大的内心世界，让孩子成为一个有独立人格的个体，应该被我们所重视。

但是，这些现在仅仅只在心理学上被广泛运用，我们的教育系统却逐渐地缺失了这方面的能力。

塞德兹教育启示

1.在构建孩子的精神世界时，父母要让孩子获取知识，并建立自身的评价体系。这样一来，孩子才能对世界形成正确的认知，对社会的现实作出自己的判断。

2.孩子没有任何能力抵御外界对他们的精神世界带来威胁，父母要帮助孩子构建坚强的内心，形成独立的思维能力。

避免让孩子的内心遭受创伤

根据我多年在精神科工作的经验，孩子之所以会产生精神上的疾病，这和孩子的早期教育有着莫大的关联。

所以，孩子所表现出来的异常，很多时候都是由于儿时教育的缺失所造成的。大家可能对此仍然有些怀疑和不解，那么我给大家举一些真实的例子，大家就可以很清楚地了解我所说的这一观点。

我曾经诊断过这样一个病人，他是一位男性，年仅26岁。但是，他因为有严重的心理疾病——抑郁症，而无法像正常人一样生活和工作。他经常会感到十分害怕和恐惧，甚至有窒息的感觉，他是那么的痛苦，夜夜无法入眠。

这位病人的症状我就不再进行详细论述了，但是，有一点需要提出的就是，这个病人的内心经常会有一些意念中的神鬼出现，给他造成极端恐怖的感觉。这些东西具体是什么，我也不太清楚。但是，可以很清楚的就是，他受困于自己内心的一些事物。

为了查明这些想象中神魔的来源，我试着通过催眠进入他的大脑。这时，我可以很清楚地明白他因为什么而害怕。

原来，在他小的时候，他曾经看到一个发疯的女人，这个女人的行为对他造成了极其严重的影响，并且一直停留在他的脑海里。即使长大了，那种感觉也依然存在。

在孩子小的时候，父母就要多注意观察孩子的行为，从中发现他们的心理变化。当发现孩子心里有恐惧的情绪时，要及时帮助他化解。

孩子的成长过程中都会存在恐惧的心理，如果长期处于焦虑恐惧之中，对他们的身心发展都是不利的。造成孩子恐惧一定是有原因的，父母要找到原因，恰当引导。

我们可以很清楚地看到，幼时的事情对人的一生都会产生极其重大的影响，尤其是可怕的经历，会使孩子患上精神疾病，这都需要我们予以重视。

恐惧是孩子的一种心理疾病，容易感到恐惧的孩子一般意志薄弱、缺乏自信、不能以积极的态度面对挑战，经不起困难和挫折，难以取得成功。

在孩子感觉恐惧时，父母要多给孩子爱抚和拥抱，给他们安全感和慰藉，并经常与孩子多沟通、多讲解，帮助孩子摆脱心中的恐惧。

还有一个病人，她的命运更加悲惨，可能因为父母喜欢给她讲鬼故事，她一直认为这个世界上存在神灵以及鬼怪。

所以，尽管是我们一般人都不相信的鬼神传说，她都会信以为真，而且极度害怕违背神灵或者上天的指示，做了错事。她一直生活在恐惧之中，非常痛苦和不安。

当我将她催眠之后，我清晰地听见她所描述的世界，她诉说着自己曾经听到的一切，描述着地狱的可怕，她整个人陷入恐怖的情绪中，无法自拔。

这些使她彻底失去了孩子应有的快乐，生活留给她的只是痛苦和黑暗的折磨以及想象中地狱的可怕。

但是，这仅仅只是开始，当她11岁的时候，发生了一件彻底击垮她心灵的事情。一个孩子知道她十分害怕和畏惧鬼神，便用此来吓唬她。她再也支撑不住了，心理防线被彻底击垮了，她再也无法走出自己的精神世界，变得精神失常。

一个孩子因为父母从小灌输的鬼神故事彻底陷于其中，无法自拔，这是非常让人同情的。我们应该重视孩子的心灵教育，尤其是幼儿时期的教育，因为，它对孩子的影响将是一生的。

父母要向孩子讲科学、讲道理，不要采用各种恐吓手段吓唬孩子，要从小培养孩子坚强、勇敢的品质，不勉强孩子做不愿意做的事情。

同时，父母要丰富孩子的知识面，扩大孩子的视野，有意识地帮助孩子增加和自然、社会接触的机会，让孩子明白其中的道理，一些恐惧情绪就会消失了。

在家庭中，父母随时注意指导孩子自我调节情绪，排除心理障碍，使悲观情绪、不良情感或其他心理障碍及时得到化解，也就不会导致悲观性格的形成。

塞德兹教育启示

1.父母不要给孩子灌输鬼神的观念，更不要用鬼神吓唬孩子，这样会给他们造成极端的恐怖感觉。

2.父母应该重视孩子的心灵教育，尤其要呵护幼儿的心灵，不要让恐怖的事情侵袭孩子的心灵，否则会给他们造成一生的困扰。

第二章
关注孩子的智力发育

对于孩子来说，思想过分成熟并不是好事情，没有自己的思想也不是好事情，只有当思想与其年龄相符合，这样的孩子才是幸福的。

——美国教育家　布克梅尼斯特·富勒

阅读提要

　　父母不能忽视孩子的智力教育，在孩子想学习的时候，要给予帮助，而不是在他们拥有了自己的学习模式后，再强迫他们改变。孩子的很多不足虽是天生的，却完全可以弥补，父母应该帮助孩子弥补，而不是一味要求他们遵守各种各样的规则。

　　父母要给予孩子自由，从孩子出生时开始就给予他们教育，让他们拥有判断力，根据自己的认知处理各种事情。父母要重视孩子智力的提升和内在潜力的开发，孩子才能不至于沦为俗物。

关于儿童智力发展的探析

我所提的思想早熟就是一些孩子表现出来的异于他们年龄的思想状态，这极有可能出现在我们的社会中。对于这些孩子，我们需要予以关注，让孩子可以变成正常之人。对于孩子，我们应该给予他们帮助，让孩子能够真正的成长。

现在，对于孩子的教育问题，我们有很多缺失和不足之处。我们常常忽视对孩子的教育，长期下去这将不利于孩子的自身发展及提升。

尤其是在孩子的智力开发问题，几乎被大多数家长所忽视，他们没有认识到这个问题的重要性，也没有在智力开发上给予孩子帮助，这是十分让人痛心的。孩子是社会的未来，这样不仅不利于孩子的成长，也使我们的社会无法进步。

每个孩子都是天生的神童。所有的人都是带着天才的潜质而降生的，只不过由于在成长的过程中对潜质开发程度不同，而产生截然不同的结果而已。

但是，一般来说，当我们的家长开始注意到这个问题，并开始对孩子进行教育的时候，已经过了最佳的教育时间。这时的孩子已经养成了自己的学习方式，如果想要改变这种学习方式，几乎是非常困难的。

婴幼儿时期，大脑处于快速发育状态，7岁前将完成大脑发育的90%以上。专家表示，对孩子来说，外界刺激并不是越早越好，越多越好，只有适当才有意义。

如0～3岁是学习语言的敏感期，12岁以后再学，口音就不一定纯正了。过早过多的教育超出儿童的大脑和心理承受能力，会产生消极影响。反之，如果儿童在最佳教育期没有给予适当的教育，久而久之大脑功能就会懈怠退化。

所以，就会出现这样一幕：当孩子正在想如何学习的时候，我们大人没有帮助他们，可是，当他们已经形成自己固有的学习模式之后，父母却要让孩子被迫去改变这种学习模式。

孩子没有能力去改变，他们只能让自己停留这这样的水平上学习，这就是他们可以做的。所以，我们家长真的应该重视孩子的早期教育，这对于他们的一生都有极其重要的影响。

有许多幼年时智力平平、不太聪明的人，由于适当的早期教育和个人的努力，长大后成为才能出众的人。

反之，幼年时智力较好，称得上聪明的儿童，由于放松教育，个人没有付出努力，长大后淹没为碌碌无为之人。

因此，父母一定要用科学的教育方法，充分释放孩子的智力潜能，让孩子成长为一个充满智慧、能承担重任的社会栋梁。

我们应该在合适的时间对孩子的大脑进行开发，比如，这个时间孩子处于嗅觉的敏感期，我们就应该让孩子接触更多的与嗅觉有关的事物。如果我们错过这个时间，那么，我们将无法激发孩子这方面的能力，孩子在这方面的潜能也会消失。当我们意识到要帮助孩子获取这种能力的时候，已经没有可能了。

0—3岁是大脑发育最快的时期，也是奠定一生智力基础的最关键阶段。如果将17岁达到的水平看作是100%的话，那么0-3岁就获得了智商的50%，

3-8岁又获得了30%，最后的20%智力是在8-17岁获得的。

所以说，3岁前是智力发展的决定性时期。这一阶段孩子的大脑正处于迅速发育的时期，如同一张洁白的纸张，可以随心所欲的画上图画，具有一种特殊的吸收能力。

对于孩子某些方面的不足，很多家长认为是天生的，他们也没有任何办法。我想说的是，正因为我们知道孩子在某些方面存在不足，所以我们才会想用各种办法去弥补。可是，作为孩子的家长，他们却认为这些是不重要的，也不需要去关心。

我们没有帮助孩子发展他们的智能，却一直要求孩子要学习好，并告诉他们各种各样的规则和条框。他们没有自己的自由，也无法表达自己的不满。

在这样的逼迫环境中，孩子们又如何可以安心地学习呢？他们又怎么可能投入自己没有任何兴趣的课程中呢？

正确的做法是，当孩子学习努力，但是成绩却不见提高时，父母就需要观察孩子的学习情况，考虑孩子是不是掌握了正确的学习方法，才造成这样的学习效果。

要知道，科学的学习方法，是学习的良好工具，它使孩子掌握知识的速度更快，使学习不再是一种负担。科学的学习方法是获得知识的有效武器，什么样的难题遇到它都会轻易得到解决；科学的学习方法是孩子今后成才的保证，有了它孩子学习不再困难。

学习方法有很多，并不是对每个人都适用，父母应根据孩子自身的特点，选择那些适合孩子的学习方法。

只有适合孩子的方法才能够促进孩子的学习，才是科学的、有效的。父母在教孩子学习方法时切忌照搬套用，应以适合孩子为重。

除了学习，无论是在学校还是在家中，孩子都被要求遵守各种各样的规则。这是学校或是家长给他们的要求，他们必须活在这些规则之中，如果他们不小心违反了这些规则，就要受到惩处。同时，很多老师和家长都会认为，违反规则的是坏学生，只有遵守规则的才是好学生。

我们的孩子就是在这样的环境中成长起来的，每天都要受到这些规矩的制约，又怎么可能充分发挥他们的潜能，进行创新呢？很多孩子就是在这样的教育环境中渐渐地失去了自己创新的意念。

每一个孩子都会要求争取生存空间和个人意志空间，这个空间包括社会的、政治的、经济的、文化的等外部条件，以及个人体质、欲望、财富、世界观、价值观、理想观等个体因素。

因此，在教育孩子的过程中，父母应该适当给孩子留出一些自由支配的时间，不要看见孩子闲下来就开始给他安排任务，这样会让孩子在精神上产生压抑。聪明的做法是告诉自己：不要规定太多，孩子也需要放松，否则他们会受不了的。

可是，很多人却认为这是孩子自己的原因，不关他们任何事情。他们就这样把责任推得一干二净，并不认为自己的教育存在任何问题，更加不会联想是因为他们忽视早教，才使孩子错过最佳的智力发育期。

他们相信这是因为孩子天生基因不好，所以，孩子才会这样愚笨和无知。他们就这样将责任推得干干净净。

我们也可以对他们进行驳斥，他们相信先天的因素可以决定孩子后天的发展。可是，达尔文的进化论并不是这样说的，这无疑是辩驳他们的最佳理由。对孩子的后天教育会对孩子的成长起到至关重要的作用，我们不应忽视。

孩子的童年对孩子的一生将会产生重要的影响，尤其是儿时的可怕经历，将会使孩子的一生都生活在恐怖的环境之中。

很多患有精神病的人，他们基本上都是由于儿时的恐怖经历造成的，并且在他们的脑海里挥之不去。最终，将会造成病情恶化。所以，童年的回忆对于一个人来说，是多么重要，甚至会决定孩子未来发展的道路，这就迫使我们不得不关注他们，并开始重视他们。

如果我们真的重视教育，让孩子从出生开始就可以接受到良好的教育，我可以肯定地说，这个孩子是幸运的。因为，不管未来他遇到怎样的情况，他都可以通过自己的力量解决，并且最终实现自己的梦想。

因为，他的大脑中有明确的认知，知道自己应该如何判断这件事情，并且可以很好地根据自己的认知进行处理。所以，对孩子进行正确的教育，可以帮助孩子一生的发展，对孩子而言是受益的。

我们应该给予孩子自由，让孩子知道他存在的价值，让他们感受到幸福。我们不应该从小就让孩子生活在我们制定的各种框架之内，这样对孩子的发展是极为不利的，更加不利于孩子的智力提升和内在潜力的开发。

我们需要知道，只有智力正常的孩子才能够成功，变成我们每个人心目中的有才之人。

可是，从我们自己的行为上推测，我们似乎并不喜欢才能出众的孩子。因为，我们的行为都是在对他们进行压制，害怕他们表现出超乎常人的优异。很多情况下，我们并不希望自己的孩子表现出过高的才能，只是希望他可以对家长顺从和服从，这才是大多数人期盼的。

但是，我想告诉各位家长，当我们这样做的时候，会使孩子的才能被掩盖，使他们无法实现自己的理想。他们能做的就只剩下服从。我们在这么做的同时，其实在无形中已经阻碍了社会的进步。

对于大规模的战争爆发，如果我们要探究它的原因，可能很多人会从政治、经济、风俗等方面进行考虑和分析，以此来探究战争爆发的原因，根本不会有人从教育这个角度去探究。但是我却认为，现代社会爆发的大规模战争，很大程度上是由于我们教育的缺失而引起的。

我们每一个人从一出生，就要生活在各种各样的束缚之中，并且要接受各种各样的训练，让我们学会如何在这个社会中生活，如何适应这里的一切。

在这样所谓的训练之中，我们没有了自己的意志，逐渐被社会的意识所同化，变成平庸的社会一员。

我们应该知道孩子是社会发展的动力，决定着社会未来的发展方向。我们应该关注孩子，让孩子获得正确的教育，而不是奴化他们的意志，消磨他们的创造力。

我们大人已经成为社会的奴隶，只能顺应社会，勉强维持生计。但是，孩子是社会的希望和未来，我们需要给予他们最好的教育方式，而不是将他们变成一个个庸才。

孩子是非常可爱的，他们对社会也有很强的适应性。我们不应该从一开始就让孩子墨守成规，而应该让他们按照自身的需求进行发展。因为他们具有极强的潜能，值得我们去挖掘。

很多实验都证明，人类到一定的年龄，生命体中那些可以帮助我们适应环境的功能就会逐渐的退化，剩下的将是我们已经接受的生活和活动模式，我们的思维也将停留在这样的模式之中，几乎无法变更。但是，孩子不一样，他们所有的一切都没有形成，他们需要去塑造自己以适应社会的发展。所以，是极容易改变的。

我不得不说，孩子是那么的善良、纯真，他们没有任何坏的想法和邪恶的念头，他们的心理是纯净的、透彻的。所有孩子的心中都充满了无私和大爱，没有任何杂念和欲望。他们的要求也很简单，可能仅仅是想要一个糖果或者一个鸡腿。孩子的灵魂是高尚的，我可以这么说，孩子灵魂的高尚程度远远超过我们这些浸泡在社会中的俗人。

但是，这些纯净会随着思想的退化而消失，会被贪婪和欲望所取代，唯一可以改变这种状况的就是教育。只有让孩子接受教育，明确是非黑白，那么，才能够让他们停留在自己想要的状态之中，保持自己内心的纯净。

我们说到成人的思考能力会随着年岁的增长而减弱，但是，孩子却不会。孩子是新的生命，他们的思维正处于建立期。所以，他们会对所有的知识都充满获取的欲望，想要将其占为己有，这就是孩子。

所以说，有天分的人就在孩子中间。

我认为孩子都是可造之才，他们可以超过古代的圣贤，带动我们社会的发展。我们应该给予他们帮助，让他们更好地成长，这样他们才可能真正的推动社会的前进和历史的进步。所以，我们真的需要从小就对孩子展开教育。这样，才可以真正地帮助孩子。

我们应该正确地理解这些事情，了解人类社会的现状。同时，也应该试着做些改变，尤其是大学教育。

我认为让孩子早些进入大学是正确的，这样，孩子可以很快从大学毕业，并且进入社会，得到社会的锻炼。我觉得这对于孩子的成长是有益的，孩子在这样的环境中，可以很容易激发自己内在的潜能，实现自身的飞跃和内在的进步，这是我们所希望看见的。

在我看来，如果一个孩子可以很好地获得早期教育，那么，他可以更好地开发自己的潜能，将自己培养成有用之才。相反，那些没有经历过早期教育的孩子，只能接受自己的命运，成为平庸中的一员。

所以，为了我们人类社会的发展，我们应该对孩子的早期教育给予足够的重视，帮助孩子成长为社会的栋梁之才，这是我们教育的真正目的所在。

塞德兹教育启示

1.父母应该在合适的时间对孩子的大脑进行开发，比如，这个时间孩子处于嗅觉的敏感期，就应该让孩子接触更多的与嗅觉有关的事物，否则这种敏感性就会消失。

2.父母要给予孩子自由，让孩子知道他们存在的价值，让他们感受到幸福。而不是让他们生活在各种框架之内，这样对孩子的发展是极为不利的。

培养孩子的创新精神

作为父母，我认为大家肯定不会认可那些所谓的填充式的教学方法，更不愿意让孩子接受别人的思想灌输；我们也不会让孩子去崇拜那些表面上看起来十分绅士的孩子，因为他们只是被规则管束着。

但是，在当前的整个教育体系中，从小学到大学，对创新能力的培养都极度欠缺。中小学阶段，孩子们的主要任务是学习，去获得优异的成绩，这是父母及学校对他们的唯一期望。在繁重的课业活动之余，他们根本没有精力与兴趣去进行创新型活动。

但是，作为教育活动重要环节的家庭教育，不应该只着眼于孩子课本知识的学习，而不开发他们的创新能力。

父母真正要做的，就是帮助孩子找到真实的自我，实现自己的创新意识，成为未来社会需要的栋梁，我们有责任为他们的未来披荆斩棘、保驾护航。

创新是指通过联想、发散思维或者多角度考虑而创造性地解决问题的能力。它能够推动社会的进步，可以促进一个人成功。而创新能力的高低，有遗传的原因，但主要还是靠后天的培养，每个人身上都潜在地隐藏着巨大的创造能力。

孩子的创新意识是值得鼓励的，创新是一项伟大的才能，但是创新绝不是静止的。父母要孩子追求的，不只是某一次的创新成功，而是精益求精，日益更新。

所以，父母要改变传统的教育观，尝试着了解孩子，帮助他们激发自己的才能，最大程度地开发、保护孩子的创造精神。

精神病理学家曾经描述了这样的原则：蕴藏、积蓄和存储是知识掌握的三个阶段。这对教育的发展同样具有重要的指导意义，我们可以在教育事业中运用。

很多专家表示，孩子在小的时候，是稳定心智以及形成良好习惯的关键时期。但是，现在我想说的是，这并非是真理，父母不应轻易相信这些话语，否则孩子可能会做出一些危险行为。

因为，一个人精神世界很容易就会被一定的模式固定起来，渐渐地失去自主性，生活在固定的框架中。如果我们让孩子长期按照一定的思维模式，或者固定模板行事，那么，他很容易就会被限定在一定的框架之内，不会有自己的思考能力。

创新源于思考，在于求变，与循规蹈矩无缘。我认为，我们做任何事情都应该多动动自己的脑子，不要一成不变，而要善于思考。只有这样才不会限于框架中，才会有自己的想法和创新意识，才能真正的实现自我，完成自我成长。

在家庭教育中培养孩子的创新意识和能力，应该引起家长的重视和关注。家长的责任，就是要建立平等和谐的亲子关系，营造一个适宜孩子创新的学习、生活环境，让孩子畅所欲言，支持孩子的异想天开，这样孩子经常动脑思考，思维始终处于活跃状态，创造能力就会得到发展。

相反，如果父母对孩子过于严厉或者溺爱，都会阻碍孩子创造能力的发展。因为父母过于专制，孩子没有发言权，什么事情都唯命是从，创新能力就会一点点被泯灭。而如果父母太过于溺爱，孩子说什么是什么，也不利于孩子创新能力的提高。

父母不能压抑孩子的质疑精神，不可束缚孩子的思维，而应该鼓励孩子勤思考、多观察、常想象、进行发散思维、从各角度去探寻解决问题的办法。

我们不应该让孩子墨守成规，更加不应对孩子的听话行为进行称赞，这样，只会让孩子长期生活在束缚之中，不利于孩子的健康成长和智力发展。

我希望父母给予孩子宽松的学习环境，这样他们可以在没有任何束缚的环境中成长和学习，这才是一个天才成长的重要途径之一。

孩子是可以适应不同环境的，只要我们大人可以给予孩子这样的机会，鼓励孩子说出自己的独特见解。对于孩子的奇思异想，要给予重视和引导，这对于孩子创造力的发展具有重要作用。

我们一定要铭记，千万不要让孩子固定于某一种模式当中，这样对孩子的发展是极为不利的。而激发孩子的创新精神，能让他们在不同的环境中不断地转变自己，并最终适应社会。

要知道，孩子对某项活动产生了浓厚的兴趣，就会积极、努力地参加这项活动，在活动中不断地开动脑筋，获得有关的知识技能，从而进一步改进活动的内容和方法。

我们想一下，如果每一个人都像一台冰冷的机器，没有任何的认知和意识，没有自己独特的想法，这样长期生活下来还有什么意义？我们的国家还有什么希望？我们完全没有了自己的个性，完全是按照各种规章制度行事。

我们需要明白教育的真谛，教育并不是让我们养成什么，而是让我们通过对某件事情的认知创造出什么，这才是教育的真正意义所在。

如果我们仅仅是按照已有的教育模式对孩子进行教育，那么社会将没有生机，孩子也会失去未来。我们需要通过教育帮助孩子打开心灵的大门，让孩子能够进入其中，并且激发自己大脑的活力。

塞德兹教育启示

1.父母应给予孩子宽松的学习环境，让他们在没有任何束缚的环境中成长和学习，这才是一个天才成长的重要途径之一。

2.父母应鼓励孩子多动动自己的脑子，善于思考，要有自己的想法和创新意识，这样才能真正的实现自我，完成自我成长。

教育需要不断创新和演变

现在的学生是那么平庸。为什么他们没有任何新奇的想法？原因有很多，其中很重要的一点是：对孩子进行教育的老师非常平庸。他们死守自己认为正确的教育理念，又怎么会教育出天才呢？

这不是我一个人的看法，我们很多人都可以很容易地发现，很多教师的教学水平一般，没有任何出奇的地方。

对于教育者来说，教育理念是非常重要的。这是一种指导思想，老师的教学行为，都是在这个思想的指导下进行的。有什么样的理念就会产生什么样的方法，这个方法的好坏，直接关系到孩子教育的成败。

但是，即便教育方法如此重要，也很少有老师注意到这一点，传统教育上存在很多不当的方法，和现代社会已经形成鲜明的冲突。

可是，看看我们的老师，仍然不知改进，依然按传统的方法教育孩子，不但不能把孩子教育好，反而给孩子带来伤害。

我曾经听到过这样一件事情，这件事情发生在一个教育水平相对不错的环境中。一个小女孩因为违反了校规被老师要求罚站。

当她罚站的时候，我们可以看出她脸上的不悦与自卑。后来，她开始逃课，正好又被检查出勤的老师发现，老师不顾她的颜面，在学生面前将她训斥一通。从此，这个女孩的精神状态一直十分低迷，父母被迫为她办理了休学。

对孩子进行体罚，是否真能起到教育的作用？除了这个例子，还有很多例子告诉人们，结果恰恰相反。体罚孩子不仅没有使孩子改正错误，还使孩子变本加厉，衍生出更加恶劣的行为。

看到自己的孩子成为这个样子，父母为了讨回公道将学校告上了法庭。老师认为他没有做错，因为他是按照学校的章法做事的，这个小女孩是因为违反了学校的规章制度，他才会惩罚她。

庆幸的是，法官不相信一个孩子会无缘无故不愿意进学校上课，除非，他曾经在那里留下了极为不堪的回忆。

这也提醒了我们做父母的，体罚是教育中的痼疾，它会严重伤害孩子的自尊及人格，扭曲孩子的性格，给孩子带来极大的精神痛苦。

父母教育孩子，本意都是好的，但应该慎重选择教育孩子的方式，不要体罚孩子，更不要伤害孩子的自尊。父母要想让孩子朝自己的愿望发展，首先就要维护孩子的自尊，不要体罚或打骂孩子。

在另一个学校也发生了类似的事情，学校里的一位资深老师将一个从不遵守学校规章的学生开除了。但是，那个学生是那么聪明，很有可能成为未来的天才。

对于班里调皮捣蛋的孩子，很多老师都会想出各种方法对付他们。有一位老师为了对付自己班上的两个好动学生，竟然想到了坐针垫的方法，这实在是太荒谬了。

当孩子出现了不守纪律的情况时，千万不要马上对孩子进行严厉的批评，迫使孩子按规矩来。不论是父母还是老师，都应该先了解，孩子为什么不能守纪律。然后再让孩子明白，自己的这种行为会给集体带来怎样不好的影响。

可以在征询孩子同意的情况下，对于孩子不守纪律的情况，给予一定的惩罚。让孩子能够明白自己的错误所在，这才是教育的重点。

还有一位妇人，她的家境非常好，并且将孩子培养得也非常得优秀。可是，当她想把孩子送到学校学习的时候，却被这里的工作人员拒绝了。

这位妇人想知道原因，而那位工作人员被她纠缠地十分不悦，于是告诉她，因为她的孩子无法遵守学校的规章制度，所以他们不能接受这样的孩子进入学校。

事实上，纪律一般是指要求人们遵守一定的规章、制度。孩子年幼时对纪律的概念比较模糊。学校不应该将没有纪律观念的孩子推出校门，更不能过于苛责。

孩子的纪律观念，是需要慢慢培养的，不能够急于求成。父母可以根据孩子年龄的特点，适当给孩子定一些规矩。要求他遵守，然后再慢慢地来。

同样的，在英格兰也有一所非常著名的学校，这里的规章制度也极为严格，很多学生都曾违反这里的校规校纪。在不久前，校长曾经开除了一名非常有天分的学生。

在说明退学理由时，校长写道："因为他无法尊重并且适应学校的规章制度，所以，我们无法再继续接受他留在这里。"而在一份官方声明中，校长讲道，这个学生是一个天才，但是，这并不代表他可以藐视一切，任意妄为。学校不适合他，他需要找寻新的成长环境。

所以，我们可以看出，很多天才都无法适应学校的规章制度，而学校也无法接受这些人待在学校。

孩子太缺乏纪律观念，确实会给自身的成长带来不利的影响。但是在学校里，老师一味想培养听话、顺从的孩子，却是对纪律的误解。

真正的纪律，是要建立在自由的基础之上的。首先必须让孩子成为自己的主人，这是第一位的。只有在做了自己的主人之后，孩子才会自觉地遵守相应的生活和校园准则。

所以，学校要做的，应该是给孩子自由，让孩子能够自由地选择自己感兴趣的东西，并在反复的练习中，训练出自我控制的能力。

曾经，有一位名人在一所大学进行演说，他妄言自己可以用尺子测量教育的长度。这是多么荒谬的言论，可是却得到了在场所有人的认同，这是多么可笑的事情。

可是，看看现在，我们检测学生智能的唯一标准就是成绩，似乎有一种成绩可以代表一切的感觉，这是多么荒谬。

可是，所有人都已经接受了这样的检测，他们认为只有考出高分的学生才是好学生。这真是荒唐，方法上出了错，又怎么能教育出优秀的人才呢？

很多大学会拒绝一些很有才能的学生入校，尤其是一些年龄特别小的孩子。他们认为这些学生因为年龄上的问题，可能没有办法很好地遵守学校的规章制度，所以必须把他们排除在外。学校为了教育规则的威信，就要放弃这些可能改变世界的天才。

这是学校吗？这真的是培养孩子的学校吗？这更像是一个仅仅为自己利益，而要扼杀学生的商业集团，他们不是为了教育而建立学校，而是为了利益而开设学校。

学校实行的是比企业或者工厂更加严厉的制度，这里有着极为严苛的规章制度，而且所有人都没有反对的权利。在这里，学生一方面要按照老师的意愿培养自己的能力，无论是技术上的还是思想上的；另一方面，学生又不能发挥自己的创造力和奇思妙想，因为这是学校的规章制度所不允许的。

在社会中，我们可以很容易地看见很多商人以及满嘴谎言的人。可是，真正的有才能的人到哪里去了？我们看不到。他们可能还没有长成，就已经被我们的教育者扼杀在成长的摇篮中了。

我们想想曾经被认为是傻瓜或者愚蠢的人，有很多都取得了巨大成就，比如牛顿、莱布尼茨等。

在很多教育工作者的心中，重要的不是让孩子学会知识以及塑造良好的道德修养，而是让孩子知道怎么遵守规则，如何成为一个乖学生，这才是重要的。这就好像是一个从军校毕业的人所说的，这里有着最好的教育环境和理念。

这是多么可怕啊！因为我们知道官僚主义的可怕，他们似乎没有人性，有的仅仅是服从、服从、再服从。如果我们的孩子成为这样一个人，我们会怎样？我们真的希望学校教育变成孩子的洗脑工具吗？

现在的国家教育中，存在着大批将规章制度奉为天条的人们，我们很难改变他们的想法，也无法改变他们。长期这样下去，我们的社会也将如此，变成和他们一样，不再具有创新的能力，只是一个平庸的社会而已。这样的民族，真的是我们愿意接受的吗？

让我们想象一下，如果一个名校的校长愿意去接受一个年龄幼小的天才，这将多么令人欣慰啊！但是，对于美国社会来说，又会有什么反应呢？他们无法接受这位校长做出违反规定的事情，他们会反抗并且会对这位校长的行为进行惩罚，他们无法接受这样的荒唐行为。

但另一方面，我可以肯定地说，把精力放在培养一个很有天分的人身上，要比放在千千万万平凡人身上更加具有价值。因为，他可能成为数学家或者政治家，将会给世界带来意想不到的改变。

也有很多人认为，天才是不需要我们给予帮助的。因为，他们是天才，所以他们可以很自然地适应一切。就好比钟表，普通的挂钟需要我们每天修理或者上发条，但是，精密的计时仪器却不需要我们每天修理，都可以走得非常准确。所以，他们认为天才可以靠自己的能力实现自己的人生理念。

可是，还有另一个问题需要我们注意，学校并不是一个寻找高智力的集团或者企业，而是帮助孩子成长和发展潜能的教育机构。可是，很多学校做不到这一点，使得很多学生的天分被压制，无法施展自己的才能，更加无法去完善自己。

我还要向各位说明，教育仅仅是为了帮助孩子成长，发掘孩子潜力，而不是商人赚钱的工具。我们不应该以学校是否有盈利或者能否实现某些利益、价值为准绳，而应该将其放在更加远大的目标之下，这样才能保证我们的下一代朝着我们想要的目标前进，才能实现社会的繁荣和富强。

对于幼儿教育，我们应该尝试着唤醒孩子的认知，以及孩子内心的探索欲望，让孩子学会怎么对一个事物表示不满甚至是批判。这才是我们教育工作者应该做到的事情。

为了达到这个目标，就需要教育者更新教育观念，这样才能够更好地指导自己的行为，让孩子在一种轻松、随意、自主、自由的氛围中，培养出良好的品德、规范的行为、健康的人格、坚强的意志等。

要做一个合格的老师，培养出真正的人才，就要运用自己的智慧，在一种正确理念的指导下，使用科学、机智的方法，在友善和谐的氛围中，把孩子的潜质充分发挥出来，调动孩子的积极性，让孩子能够自主成才。

再看看东罗马帝国，一位心理学家曾经这样说过，是因为其领导人资质平庸，所以才会导致国家的灭亡。那我们美国人呢？我们的领导人又有什么作为呢？我们会像东罗马帝国一样，最终走向灭亡吗？我们希望我们的领导人能够有所作为，使美国拥有活力和生机。

我们再看一下古希腊，他们拥有那么多的天才和优秀的文化，但是，最终还是逃脱不了被灭亡的命运，这到底是为什么？归根到底还是他们自己本身腐败的官僚制度。这样的制度不仅造成内乱，也使得他们无法抵御敌寇，最终，古希腊也难逃被灭亡的厄运。

现在的美国，就像是当时的古罗马。我们现在把我们的注意力全部放在了规章制度上面，并且希望建立一个完善的规章制度，任何人不许跨越制度的鸿沟，没有任何变通可言。

这就是我们现在的国家，一切都以规章为准绳，所有人都被要求遵守这些制度和礼节，否则，就会受到相关人员的惩处。这是极为不利于社会发展的。

我们不敢想象，可能在未来的某一天，学校真的成为社会工人的输出地，千篇一律的技能，没有任何创新可言。我们的民族也变成了由工厂和学校基地组成的社会组织，学校也可以正式命名为"俗物制造者"。这一切是多么可怕啊，这真的是我们想要的吗?

塞德兹教育启示

1.父母不要给孩子设置过多的规矩，规矩过多，只会让孩子成为一个乖孩子，却不能让孩子成为一个创新的人才。

2.父母不要过分看中孩子的成绩，成绩并不是衡量孩子智能的唯一标准，要重视孩子综合素质的发展。

尽早给孩子进行正确的早期教育

我希望各位父母可以真正关心孩子的成长，让孩子可以健健康康地成长。我们需要明白早教对于孩子的重要性，请各位家长牢牢地记住这一点，让我们的孩子可以真正幸福快乐地成长。

我所说的话语并不是在命令各位，而是希望各位真的可以重视起我们的孩子，让孩子可以成为一个快乐的孩子。

同时，我也不是针对任何教育界的从业人员，也没有对他们进行任何的要求。我仅仅只是希望父母可以重视起自己的孩子，让我们的孩子不再成为教育的牺牲品。

在我们面前说过，很多教育者曾扬言会尝试新的教学理念，可事实上，他们没有做到，我们的孩子还是什么都没有学到。这些教育机构不但浪费了我们的金钱，还使我们的孩子陷于困境，我们如何能再次相信他们。

孩子是我们的孩子，我们需要帮助孩子成长，只有这样他们才能适应这个社会的一切。孩子需要我们的爱，需要我们给予他们帮助。

家长们，请想一下，你们到底希望自己的孩子成为什么？

塞德兹教育启示

1.父母要认识到早期教育对孩子的重要性，并及早对孩子进行早期教育，让孩子可以真正地幸福起来。

2.在选择教育机构时，父母一定要选择那些有资质、对孩子的教育能起到促进作用的机构，否则，就是对孩子的不负责任。

第二部分

塞德兹教育实践

第三章
关于小塞德兹的教育实例

如果孩子的兴趣和热情一开始就得到重视的话，大多数孩子将会成为英才或天才，这就是早期教育。

——日本教育理论家　木村久一

阅读提要

　　父母本身的素质对于孩子的影响非常大，优秀的父母懂得在孩子一岁前就进行潜能开发，让孩子接受早期教育。

　　早期教育不是过度教育，而是让孩子按照自己的意愿，在快乐中学习，坚定地追求真理。父母要做的，就是帮助孩子建立信心，用鼓励代替批评，让孩子在体验生活的过程中开发创新思维，学会分辨对错。父母早教得法，孩子才有可能成为天才。

优秀父母造就优秀孩子

小塞德兹有一对非常优秀的父母，他的父亲是鲍里斯·塞德兹，母亲是莎拉·塞德兹，两人均接受过良好的教育。

鲍里斯出生在乌克兰，在沙皇俄国长大，家境十分优渥。鲍里斯的祖父是一位十分成功的犹太商人，所以他的童年过的十分富足，并且有机会阅读各种书籍。

犹太人大多就十分注重孩子的教育，鲍里斯的父亲经常帮助他学习各种知识，这也为将来鲍里斯对小赛德兹进行教育提供了一定的帮助。

之所以这么说，是因为素质越高的父母，教育孩子越成功，特别是具有教育学知识的父母。他们既拥有学识又能结合孩子的实际进行教育，当然会取得很好的效果。

但是，鲍里斯十分叛逆，在政府明确下令不准许给农民讲课的情况下，他仍然去给农民讲课。

不幸的是，鲍里斯被警察抓住，关进了大牢。这段时间他没有任何自由，不管他走到哪里，都会有人跟随，监视他的一举一动。再加上他又是犹太人，受到的不公正待遇也越来越多。

鲍里斯非常讨厌这样的生活，他觉得自己失去了自由，这样的生活让他窒息，并让他对政府产生极大的厌恶。

于是，在1887年，他毅然离开了生活了很长时间的故乡，来到了美国，希望开始新的生活。

刚到美国的时候，鲍里斯过得非常艰难，只能靠打零工勉强维持生活。语言不通是他生活最大的障碍，他开始自学英语，仅仅用了四个月的时间就可以很流利地用英语交流。

于是，鲍里斯开始利用自己流利的英语帮助刚来美国的俄国人，每一个人他收取一美分，这样就可以维持生计了。

在这个过程中，鲍里斯遇到了影响他一生的女人，也就是小塞德兹的母亲——莎拉·曼德尔鲍姆。

莎拉也是从俄国来到美国，靠一些散工来维持自己的生活。但是，莎拉并不满足现状，她希望通过学习改变命运，实现自己的梦想。

于是，莎拉开始向各个高中递交申请，希望可以进入学校学习。可是，很少有学校给她回信。最后，终于有一个学校愿意接受她旁听，她在这里进行了两年的学习，完成了所有的课程。

后来，莎拉参加了大学的入学考试，并且通过了考试。可是，她却被遗憾地告知，他们不接受自学的考生进入学校。

这是多么荒谬的理由，莎拉觉得很难接受，但是她并没有放弃。

当时的社会是一个讲究终身学习的社会，即使莎拉学习了很多知识，她仍然认为自己需要不断学习，提高自身素质。她找到鲍里斯，希望他可以教授她知识，而鲍里斯欣然同意了。

在相处的日子里，莎拉渐渐对鲍里斯产生了好感。她觉得鲍里斯博学多才，开始对他暗生情愫，鲍里斯又何尝不是呢？莎拉是他见过的最坚强而且又上进的女孩。

恋爱的种子开始在他们之间萌发，也让他们感受到了彼此的温暖。因为他们之间相同的经历，所以他们更加珍惜对方。

就这样，莎拉凭借自己的努力终于进入了波士顿大学，并最终获得了波士顿大学的博士学位，这让人对莎拉由衷地感到钦佩。因为，在那个年代获得博士学位的女性真的是凤毛麟角，可喜的是，莎拉就是其中的一员。

在这期间，莎拉也一直鼓励鲍里斯，希望他可以报考哈佛医学院，这样不仅对鲍里斯的事业有极大地帮助，而且他们还可以相互帮助共同进步。

可是，鲍里斯对于这些虚无的学位没有任何兴趣，也不愿意去为一纸文凭而努力。他认为自己不适应那里的规章制度，不愿意将自己陷入其中。

不过，在莎拉的不断劝说之下，鲍里斯还是同意了去考哈佛。鲍里斯是一个天才，他用一年的时间就拿到了本科文凭，硕士文凭也仅仅用了两年的时间。

后来，鲍里斯不愿意仅仅是为了获取学位而写一篇枯燥的论文。于是，他拒绝向学校提交毕业论文，但是，学校经过讨论，还是将博士学位授予了他。

鲍里斯的才华引起了威廉·詹姆斯的注意，那个时候詹姆斯在美国是非常有名的心理学家，是实验心理学的奠基人之一。于是，鲍里斯成为了詹姆斯的学生，学习心理学的相关知识。

詹姆斯在美国因为研究人类的潜意识名声大噪，他认为通过潜意识可以进入人类的内心，帮助人类解决内心出现的问题。

鲍里斯对于自己的老师非常景仰和崇敬，为了向自己的老师致敬，他将自己的孩子起名为威廉·詹姆斯·塞德兹。由此可见，老师对鲍里斯的影响之深远。

由于老师的影响，鲍里斯开始热衷于对人类大脑内层的潜意识进行研究。他获得了巨大的成就，在1897年，他出版了人生第一部作品《暗示心理学》，他的老师帮他写了书的序言。

在这一年，鲍里斯顺利拿到了心理学博士学位，他的导师也作出了对他极高的评价。詹姆斯认为，鲍里斯将会在心理学领域拥有极高的造诣和成就。

的确，在这本书出版不久，鲍里斯就成了名人。

有一点需要明确，鲍里斯一直认为，对孩子进行早期教育是至关重要的，不要担心过早对孩子进行智力开发会对大脑产生不利影响。他认为，我们需要让孩子的大脑得到尽早的开发，这样孩子才能得到很好的发展。

鲍里斯认为，如果要求孩子出类拔萃，做父母的就要先审视自己是否是合格的父母，是否有足够的能力学习新知识，适应社会的需要和教育孩子的需要。

优秀的父母应该具有现代教育意识，以丰富的文化知识来教育孩子，以自己的人生经验来指导孩子，同时还要弥补自己的不足。

在孩子的成长过程中，家庭的教育是教育的起点，而家庭教育的突破点就是通过各种途径和方法，提高父母的素质，加强父母的自身修养。

在1898年，鲍里斯的孩子小塞德兹出生了，当孩子出生以后，鲍里斯就向世界宣称，要将自己的孩子培养成真正的天才，并将自己的教育理念在孩子身上进行尝试。

塞德兹教育启示

1.父母要多阅读各种书籍，提高自身的文化水平和素养，同时要注重对孩子的教育，帮助孩子学习各种知识。

2.对孩子进行早教是至关重要的。父母不要担心过早的对孩子进行智力开发，会对孩子的大脑产生不利影响，大脑尽早得到开发，孩子才能发展更好。

潜能开发应在1岁前开始

鲍里斯对孩子有着极大的期待，他希望孩子能够健康成长，成为社会的有用之才。他希望孩子可以全面发展，这就是他一直信奉的天才教育。

鲍里斯认为，只有一个人有超乎常人的智慧、无私奉献的精神，才能为人类社会做出贡献。同时，他可以发现社会的不公正和弊端，并且带领广大群众克服这些问题，促进社会的整体进步。

于是，在孩子将要来到这个世界的时候，鲍里斯就已经开始为孩子张罗一切了。他和妻子一直在布置孩子的房间，他们将孩子的房间布置得五颜六色，并且把很多图书摆放在这里，房顶上挂满了各种形状的积木。

他们认为孩子会非常喜欢这样的环境，而房间中的事物有助于孩子智力的提高。当小塞德兹第一次进入这个房间的时候，鲍里斯和妻子看到了不可思议的事情，小塞德兹笑了，显然十分喜欢这个房间。

鲍里斯每天给孩子放不同类型的音乐，希望孩子在这样的过程中感受不同的声音。鲍里斯认为，每一个人都有自己的潜能，但是，并不是所有的人都可以将这些潜能挖掘出来。天才可能就是将这些自身所具有的潜能挖掘出来才成为天才的。而我们这些平凡的人，却没有在适当的时机对我们的才能进行发掘。

只要我们可以在正确的时间对孩子的智力进行开发，那么，我们的孩子极为有可能成为未来社会的栋梁之才。

可是，仅仅只有很少的一部分人注意到了这一点，更多的人对孩子的教育采取忽视的态度，这也就错过了孩子的绝佳教育时机。因为，只有在这个时间，我们才能激发出孩子某些方面的潜能，错过这个时机，也就错过了开发孩子智力的机会。

同时，鲍里斯认为，一个人的最佳学习时间应该是在1岁之前，这个时候如果可以很好地开发孩子的智力，那么孩子将会表现出超凡的能力。

在2岁左右，是孩子形成良好逻辑性的关键时期，但是，前提是孩子已经掌握了语言。孩子只有在可以很好地表达自己后，才可以建立自己对外在事物的逻辑性。如果孩子没有掌握好语言，就想让他们形成良好的逻辑性，还是很有难度的。

鲍里斯和莎拉在教孩子学习说话的时候，会结合周围的环境。他们不会随便地说出某些单词，而是结合周围的事物，说出一些词汇，然后再解释给孩子听。这样一来，孩子就可以很容易地了解这些词的含义了。

莎拉十分喜欢带着孩子到窗边去看月亮，小塞德兹也十分喜欢看。每次看的时候，小塞德兹都会伸出自己的小手，希望可以触摸到月亮。

莎拉看到了孩子十分喜欢看月亮，于是告诉他"moon"这个词，并反复地在儿子耳边重复。小塞德兹似乎也明白妈妈为什么一直重复这个词，他知道这是代表月亮，他也学会了月亮的发音。

对于孩子，如果我们仅仅是告诉他，什么单词怎么发音，孩子是无法理解的。所以，我们需要让孩子处在那样的环境中，当孩子十分兴奋地投入以后，我们再告诉他这是什么，孩子会学得非常快。

鲍里斯的这种方法是参考了《卡尔·威特的教育》这本书中所讲到的一些理论。在介绍如何教授孩子语言的时候，书中详细描述了老威特是如何让小威特掌握语言的方法。

当时小威特还十分幼小，但是，他对老威特的手指却表现出极大的兴趣。于是，老威特就经常在孩子的面前摆弄自己的手指，小威特十分高兴。

当小威特抓住手指的时候，老威特告诉他，这是"finger"。就这样，长期下去，孩子似乎已经知道了自己抓这个东西叫"手指"，并且知道了这是爸爸的手指。

在这样不断反复的过程中，小威特终于从自己的嘴里说出了"finger"这个单词，这是多么令人激动的成就。

这也告诉了广大父母，在对孩子进行教育时，不应该盲目地教授孩子单词，而应该结合周围的环境，让孩子可以真正的明白这个词的意思，这样才能很好地帮助孩子认识这个单词。

鲍里斯在给孩子进行教育时，也是按照这样的原则。他不喜欢教授孩子那些枯燥的词汇，因为这些词汇孩子很难记住。他更喜欢结合周围环境，教孩子学习语言。

鲍里斯这样做，是为了满足孩子读书的要求。只有掌握了必要的语言知识，才能更深层次地发掘孩子的其他能力，比如像孩子对事物的判别能力，以及对艺术或者美学的感应能力，这些才是需要挖掘的真正能力，也是教育的真谛所在。

为了更好地教育孩子，莎拉辞去了工作，将所有的心思都放在了孩子身上。当时，很多人认为她不应该放弃自己的工作，照顾孩子的任务完全可以交给保姆。

毫无疑问，这些人的想法受到了当时盛行的女权主义的影响。更有甚者，认为莎拉是女性的耻辱，认为她抹杀了女性的价值。

但是，莎拉却有着不同的认知，她认为孩子的教育要比自己的工作更加重要，她并不认为自己为了孩子放弃工作是一种愚昧的做法。

为了让小塞德兹没有被忽视的感觉，在他5个月大的时候，鲍里斯就让他和大人同桌吃饭了。由于孩子的身高无法够到桌子，他们便给孩子订做了一张很高的椅子，这样，就可以让小塞德兹上桌吃饭了。

这时的小塞德兹还是一个婴儿，他不会说话，更不会走路。但是，他可以很安静地坐在这里吃饭。当妈妈给他勺子的时候，他似乎知道这是喝汤的，于是，便试着将其放到自己的嘴里。

可是，由于孩子还十分幼小，没有办法将勺子放入自己的嘴里。他为此也十分懊恼，经常会用勺子戳到自己耳朵或者脸上，有时候甚至到了脑袋上。但是，小塞德兹并没有放弃，他一直尝试着希望可以将勺子送到自己的嘴里。

在经历了很长的时间以后，小塞德兹终于做到了，并且发出了呼喊声。妈妈还以为他受伤了，原来他是在表示自己内心的喜悦之情。

在孩子做事情的时候，作为父母应该感到高兴，因为孩子开始学着自理了。要始终相信孩子的动手能力，不管结果怎样，孩子毕竟亲自去做了。

即使最后孩子没有成功，也不能嘲笑讥讽，极力批评。因为孩子在积极的做事情的时候，是内心兴趣所致，这是好的一方面。父母一定要注重培养孩子的这种自理兴趣。

鲍里斯夫妇相当贫困，小塞德兹的到来更加重了家庭的负担。萨拉没有了工作，全家人就靠鲍里斯的工资勉强维持着生计。

但是，莎拉非常节俭，已经存下了将近20美元。原本，她准备用这些钱给家人购置过冬的棉衣，但是，当她生下小塞德兹后，改变了自己的这一想法。

莎拉仅仅用了50美分，买了一些棉花和布料，然后自己动手做过冬的衣服。她用剩下的钱给小塞德兹买了很多积木、字母玩具还有书籍，她希望这些东西可以帮助孩子智力发育，让他快乐地成长。

阅读习惯是孩子应该养成的一种基本习惯，阅读能够为孩子打开一个神奇的世界，增长孩子的见识，因此，父母应该努力培养孩子热爱阅读的习惯。

读书，并不是要等到孩子上学识字后开始，尽早让孩子接触书籍，可以尽早让他对书籍产生兴趣，激发阅读的欲望。

就这样，鲍里斯和莎拉开始用这些字母玩具和积木帮助孩子学习。他们担心孩子无法理解一些深奥的词汇，所以就从一些孩子已经掌握的词汇开始教起，希望可以让孩子明白这些积木是如何运用的。于是，他们堆成了门和月亮，告诉小塞德兹这是"door"和"moon"。

渐渐地，孩子很快明白了这些词的意思，并且了解了更多的词汇。小塞德兹每天都很喜欢在地上摆弄各种积木，常常摆得满地都是。

这些积木，不仅让他掌握了很多词汇，还让他学会了很多数字。所以，莎拉感到十分欣慰。莎拉不喜欢破坏孩子的成果，乐意让小塞德兹在地上摆出各种单词。除非有客人来，她才会将孩子的积木收起来。

当小塞德兹一岁多的时候，就已经开始拿着报纸进行阅读了。但是，这时候的他仅仅是简单的阅读，因为他还没有更多的知识积淀。

小塞德兹拿着一份报纸，摆在自己的面前，不是在看新闻，而仅仅是在这些句子中寻找一些自己认识的字，或者也可以认为他是在字的海洋里寻找相识的面孔。

在小塞德兹两岁的时候，才算是开始了读书。这时候，萨拉给他买了很多书籍，放在他的房间里，希望他可以阅读。

孩子年龄、心理特点不尽相同，因此，父母要针对孩子的特点选择一些适合他们的课外书籍，不能让书籍内容超出孩子的理解能力，否则会使孩子对阅读丧失信心，更别说体会阅读的乐趣了。

另外，父母还要考虑孩子的心理特点，尽量给孩子买一些他们感兴趣的书籍。考虑到孩子的年龄、阅读兴趣等个人特点，不同的孩子可能更适合读不同的书。

在条件许可的情况下，父母应该为孩子提供一个安静、整洁的书房，避免孩子阅读时受到干扰。

小塞德兹没有辜负妈妈的期望，他很认真地阅读这些书籍，当他有什么不懂的时候，就会问妈妈。如果莎拉也无法解释这个问题，他们就会一起去查百科全书，去那里面寻找答案。

日子一天一天的过着，突然有一天，小塞德兹跑到妈妈的房间，兴奋地告诉妈妈，他以后再也不用妈妈帮他查书了。看到莎拉一脸疑惑的表情，小塞德兹告诉她："我自己会用百科全书了，我自己知道怎么从里面找答案了。"

就这样，小塞德兹再遇到难题时，就很少问妈妈了，莎拉也慢慢地减少了回答问题的次数，她感到很高兴。

在小塞德兹三岁的时候，发生了一件不可思议的事情。当时，萨拉正在厨房做饭，小塞德兹一个人在外面玩耍。可是，莎拉却听见书房传来一阵打字的声音。她非常诧异，因为鲍里斯这个时间并不在家里。于是，莎拉走过去一探究竟。

当时，莎拉简直不敢相信自己的眼睛。因为，在那里打字的是自己的儿子小塞德兹。她不愿意打断孩子，便在一旁静静地看着孩子的一举一动。没多久，小塞德兹拿着打好的字，让萨拉看。

上面写着这么一句话："我可能已经100多岁了，因为我像爸爸一样会打字了，所以，我应该很老了。"

小塞德兹得意地问妈妈："妈妈，这是我自己打出来的字，你觉得好不好啊？"

莎拉的脸上满是惊讶，因为她还无法相信眼前发生的一切，她一个劲地点头，然后抱起小塞德兹亲了又亲，对他的行为表示肯定。

莎拉非常高兴，小塞德兹看到母亲脸上的表情，也十分兴奋。

当鲍里斯回来的时候，小塞德兹兴奋地跑上前去，手里拿着打印纸，希望父亲可以看到自己的作品。

鲍里斯很诧异，不知道孩子为什么这么兴奋。当他看到小塞德兹自己打的那些字的时候，鲍里斯惊呆了，一个劲儿地问："这真是出自你的手中吗？真是你自己想出这样的话语的吗？"小塞德兹和莎拉一起点头，表示了肯定。

鲍里斯非常兴奋，夸奖道："儿子，你真了不起，爸爸没有想到，你能自己学会打字，而且语法上一点错误都没有。"

小塞德兹在得到妈妈和爸爸的肯定之后，流露出了无比的喜悦之情。

小塞德兹在很小的时候，就可以读书和打字，这很了不起。同时，在语言方面，小塞德兹也有着极高的造诣，这很大程度上是由于鲍里斯在孩子很小的时候，就对他进行语言方面的指导。接着，又发生了一件更加令人感到不可思议的事情。

有一天，鲍里斯从芝加哥出差刚刚回到家中。因为还有一些公事没有谈完，所以他和他的同事们仍然在客房中进行商议。

就在这个时候，小塞德兹走了进来，一边走路一边环视着四周。这时，他开始了发问："请问你们中间，有谁会拉丁文的？"

这时鲍里斯的一位同事，点了点头，表示他懂一些。于是，小塞德兹很兴奋地看着这位叔叔，说："我读一些拉丁文，你听听正确吗？"

说完，小塞德兹便大声朗读起他手里的那本书，那是凯撒大帝所写的《高卢战记》。小塞德兹朗读得是那么流利和顺口，让所有人都为之振奋。

然后，小塞德兹看着那位叔叔，用眼神询问叔叔的意见。那个叔叔的表情十分惊讶，他甚至不敢相信自己的耳朵。他对小塞德兹说："你念得非常棒，叔叔真不敢相信，你居然读得这么好，叔叔都没有你读得好。"

小塞德兹笑了，并很高兴地说："这是妈妈的书，我自己拿来试着读的。"然后，他转向自己的父亲："爸爸，我读的怎么样啊？"鲍里斯已经不知道如何表达自己的震惊，他从来没有想过自己的孩子可以读拉丁文，他笑着点了点头，表示了肯定。

其实，这本书是莎拉的，这是她学习拉丁语的书，她将这本书遗留在了桌子上，被小塞德兹看见了。

小塞德兹被这本书吸引了，并且想读懂它，便一手拿着词典，一手拿着这本书，一个词一个词地读，就这样慢慢地学会了怎么读拉丁文。

从这件事情上也可以看出来，由于鲍里斯和莎拉都很喜欢读书，小塞德兹受到了很好的影响，在爱好读书的良好家庭氛围中，小塞德兹可以全身心地投入到阅读活动中。

过了几个月，小塞德兹在鲍里斯的书柜上不停地翻着，这时，一本他从来没有见过的书籍映入他的眼帘。那是著名思想家柏拉图的著作，小塞德兹十分兴奋，拿着它爱不释手。他问鲍里斯："爸爸，我可以读这本书吗？"鲍里斯同意了，并且点点头。

当小塞德兹翻开里面的内容时，他惊呆了。因为这些字符他完全不懂，更不知该怎么办。很快地，小塞德兹就跑到鲍里斯的房间，问："爸爸，这是什么文字啊，我看不懂？"

鲍里斯告诉儿子，是希腊文。小塞德兹学习的欲望又被点燃了，他问："我想学，可以吗？"鲍里斯同意了。

在鲍里斯的帮助下，小塞德兹很快便学会了简单的希腊单词。随后，鲍里斯给了孩子很多关于希腊语学习的书籍，渐渐地小塞德兹掌握了希腊语。同时，开始阅读希腊作家荷马写的作品。

因为莎拉和鲍里斯对希腊语的了解并不是很多，要用希腊语做研究仍然是十分困难的。但是，他们的孩子小塞德兹却将希腊语掌握得特别好，这让他们都十分钦佩自己孩子的语言学习能力。

小塞德兹在学习了希腊语之后，又自学了法语、俄语、亚美尼亚语等多种语言。这些语言虽然没有希腊语说得那样流利，但是，已经十分让人佩服了。

鲍里斯一直希望孩子可以全面发展，所以小塞德兹不仅仅是语言能力突出，他的其他能力也非常强。但是，鲍里斯和莎拉并没有那么多的时间教导他，多数时间都是小塞德兹自己在学习。

在小塞德兹3岁的时候，邻居家的施特劳斯夫人特别喜欢把他叫到自己的家里。因为小塞德兹总是可以给大家带来欢乐，所以，大家十分喜欢他的到来。

他们经常喜欢做一个游戏，就是说出自己的生日，然后让小塞德兹来算一下那天是星期几。比如说一个人的生日是1880年3月11日，然后让小塞德兹算出那天是星期几。这对于我们普通人来说是十分困难的。但是，小塞德兹可以很快地算出那天是星期四。

小塞德兹是怎么算出来的呢？因为他鲍里斯的书架上有一本书，就是教人如何用心算，小塞德兹就是看了这本书以后，才掌握了这种能力。

塞德兹教育启示

1.一个人的最佳智力开发时期应该是在1岁之前，这个时候如果可以很好的开发孩子的智力，那么孩子将会表现出超凡的能力。

2.在孩子2岁以后，是孩子形成良好逻辑性的关键时期。在此之前，父母要帮助孩子掌握语言，只有可以很好地表达自己，才可以建立对外在事物的逻辑性。

让孩子按照自己的意愿发展

鲍里斯对孩子的教育遵从自由的原则，不希望给孩子过多的压力，希望孩子可以按照自己的意愿去发展。他认为兴趣是孩子最好的指导老师，可以帮助孩子获取知识。

同时，孩子的任何成就都和他的生存环境有着不可分割的关系。鲍里斯夫妇从小就给孩子营造了一个多姿多彩的生活环境，所以，小塞德兹取得的各种成就和他们是分不开的。

正因为小塞德兹从一出生开始，他的世界就是那么色彩斑斓。所以，他非常喜欢绘画。有时候，他可以一直在自己的房间里进行创作。鲍里斯为了可以帮助孩子很好地绘画，帮他买了各种画画的工具，并且让他画自己想画的一切。

一天，鲍里斯的好朋友来到家里做客，他没有看到小塞德兹。于是，便问鲍里斯："怎么没有看见孩子啊？"鲍里斯想了想，说道："孩子应该在自己的房间画画。"

这位朋友并不相信一个不到2岁的孩子能够画出什么画，所以，他坚持想去小塞德兹的房间看一下。

当进去的那一刻，他吃惊了，一个孩子竟然可以画出这么多的作品。在墙上，仅仅只有几幅画是买的，其他的画都是小塞德兹画的。这真是太不可思议了，一个这么小的孩子竟然有这么多的精力用在画画上。

小塞德兹画的这些画，还很不专业，很多画都是靠着他自己的想象画出来了。在其中一幅画里，小塞德兹把人的头画成了皮球，而且是泄了气的那种皮球。

这些都是小塞德兹自己想象出来的，没有任何人对他进行过指导和帮助，这是多么神奇的事情。但是，小塞德兹十分享受自己的创作过程，他十分自在地画着自己喜欢的作品，一幅又一幅地进行着，十分快乐。

鲍里斯的朋友不明白为什么鲍里斯不给孩子请一个老师，让老师教孩子画画。鲍里斯告诉这位朋友，他并不是希望孩子可以画得达到很高的水平，只是希望孩子可以很自在地享受这个过程，这才是他所希望看到的结果。

因为，鲍里斯一直坚信，真正的教育就是让孩子可以从中得到快乐和幸福，这才是教育的真谛。他不希望孩子被强迫着去学习一些自己不喜欢的东西，这样对于孩子并没有任何好处，反而不利于孩子的成长。

只有孩子对这件事情产生兴趣，孩子才能够真正的将自己放入其中，并且学到真正的知识。如果逼迫孩子，孩子是不可能学到真正的知识的。

每个孩子都有自己的兴趣，对于自己感兴趣的事物，他们学起来特别专注，比平常人更快领悟，取得事半功倍的效果。因此，父母应该尊重孩子的个人兴趣，引导他们正确成才。

兴趣是最好的老师。孩子们在做自己感兴趣的事情时，往往有使不完的劲儿。可对于自己不感兴趣的东西，孩子们可就犯愁了。

鲍里斯认为，平常与父母关系密切一些的孩子可能在听完父母耐心的开导后，还会适当地配合，这样违背他们兴趣的学习效果就难说了。

很多才能出众的人都十分的喜欢音乐，而且音乐可以帮助人们陶冶情操。所以，鲍里斯也将音乐运用到孩子的教育过程中。

因为音乐是那么的神奇，无论是平庸之人，还是拥有出众才华的人，都可以从音乐中读出自己想要的内容。这就是音乐的奇妙所在，可以让人很真实地发觉内心的想法，并且让内心平静下来。

音乐可以帮助一个人陶冶情操，塑造有能之士。这里并不是仅仅代表音乐领域的才能，也包涵了其他领域。我们通过音乐，可能会成为音乐天才，也可能成为其他领域的能手。

音乐对孩子会产生极其强烈的影响，因为听觉对我们的影响远远胜过视觉对我们心灵的冲击。

鲍里斯正是因为知道这样的道理，所以非常注重对小塞德兹音乐方面的教育。另一方面，小塞德兹是幸运的，因为莎拉对这方面十分精通，她不仅可以弹奏钢琴，也可以弹奏其它乐器。所以，莎拉的音乐对小塞德兹的成长起到了非常好的促进作用。

当小塞德兹暴躁或者生气的时候，他的母亲就开始坐在钢琴面前，给他弹奏各种曲子。当听到母亲的弹奏之后，小塞德兹就会冷静下来，并且静静地听母亲的演奏，不再吵闹。

这就是他们对孩子的教育方式。每当小塞德兹听到母亲弹钢琴的时候，小塞德兹就会做出各种各样的反应。他根据母亲弹奏曲目的不同而做出不同的反应。

当母亲弹奏快乐的曲子的时候，小塞德兹就会十分兴奋，甚至会哈哈大笑；当母亲的曲子有点悲伤感觉的时候，小塞德兹便不会再发出笑声；如果非常悲伤的话，他甚至会流泪。

如果孩子不听话或者哭闹的时候，莎拉并不会像普通的父母那样对待孩子。她只是静静地走到钢琴面前，或者抱起吉他，弹奏一曲，这时，小塞德兹就会变得安静，不再哭闹。

他会静静地聆听这段音乐，依偎在母亲身旁，有时会发出笑容。因为，对于小塞德兹来说，听音乐是最幸福的事情。

在小塞德兹小的时候，妈妈的音乐一直伴随着他，他非常喜欢音乐。当他稍微大点的时候，妈妈就开始教他怎样弹奏音乐，音乐一直伴随着他。直到他在哈佛读书的时候，他都一直随身带着吉他。同时，他也会弹奏给别人听，他的同学也十分喜欢他的演奏。

一般来说，0~6岁是培养孩子音乐才能的最佳时期。在这个时期，孩子对声音和音调的敏感度，需要父母的指引和辅导。

父母对孩子音乐艺术教育的培养，不用先让孩子去学一些理论和技能上的东西，孩子3岁以下的时候，主要是让孩子多听一些优美的乐曲，增强孩子的感知力和领悟力就可以了。

对孩子的音乐启蒙教育，可以让3岁左右的孩子多听一些节奏比较强的音乐，让孩子能够自由地随着节奏手舞足蹈，培养孩子的节奏感，还能增强孩子对音乐的兴趣，以便父母后期对孩子音乐特长的培养。

父母对于孩子音乐特长的培养是个系统的过程，父母要注意这其中的阶段性，不能急功近利。

鲍里斯有着自己独特的教育方式，他并不认为孩子只应该得到物质上的满足，他更注重孩子的精神需求。所以，他特别注重给孩子创造一个良好的学习环境，让孩子可以满足自己的精神需求。

教育孩子是非常重要的事情，不应该让孩子生活在太过富足的环境中，而需要让孩子在一个简单、快乐的环境中成长。

当小塞德兹满了三岁以后，鲍里斯允许他独自出门玩耍了，所以他的空间不再仅仅是鲍里斯的书房和家了。

小塞德兹非常喜欢和小朋友们一起玩耍，尤其是格兰特尔，他是小塞德兹最好的朋友。他们非常喜欢玩战争游戏，这个游戏让他感受到了书本上或是从来没有听过的知识。他非常沉迷这个游戏，从游戏中学到了很多。

有一次，小塞德兹和格兰特尔还有一些其他朋友决定一起玩战争游戏。这一次，小塞德兹充当领导者，把二楼已经废弃的一个房间当堡垒，也就是敌人的阵地。因为这里的条件非常有限，他们被迫要穿过一个非常破的窗户，才能够向二楼进攻。

战争开始了，小塞德兹一声令下，所有的人都冲向了那个窗户，并且穿越了过去。因为，这个窗户是进入敌人阵地的唯一入口，他们只有穿过这个窗户才能进去。

所有的人都已经穿了过去，只剩下了格兰特尔和小塞德兹。这时，似乎已经看到胜利的小塞德兹对格兰特尔说："我们马上就要胜利了，我们穿过去吧。"

可是，令所有人都没有想到的是，格兰特尔却停在那里，没有任何行动的迹象。小塞德兹着急了，催促道："我们马上就胜利了，快点行动啊，你在干什么啊？"

这时，格兰特尔才说出了自己真实的感觉，因为害怕，他不敢往上爬。这让所有人都愤怒了，因为他一个人可能会使所有的人都牺牲。

虽然，这仅仅是个游戏，但所有的孩子都当成真正的战争在努力着，因为他一个人的失误，让所有的人的努力付之东流，没有人愿意接受。

这时，所有的孩子都在讽刺他，更有人直接说："格兰特尔，你是一个胆小鬼，我们所有人都过来了，就你害怕。"

所有的人都为他的行为感到羞耻，小塞德兹也不例外。但是，格兰特尔却说："我不屑和你们做这些低能儿的游戏，因为实在太无聊了，所以，我不愿意去做。"

所有的人非常生气，开始和格兰特尔争吵起来，他们都认为格兰特尔是胆小怕事之人，没有人对他现在的做法表示满意，大家都是一肚子怒火。

这时，作为临时的领导者，小塞德兹让其他人不要说话了，他想和格兰特尔说几句话，希望可以改变他的观点。

在大家的注目下，小塞德兹走到了格兰特尔的身边，说："不要害怕，我在你身边，会保护你的，大胆地穿过去吧。一定要相信自己，这件事情非常容易，我不会让你有任何危险的。"

可是，格兰特尔仍然没有任何反应，也不愿意去爬上去。没有办法，小塞德兹只能让步，他对格兰特尔说："这样好不好，我们帮助你上去，好不好？我在下面推你，别的小伙伴把你拉上去，怎么样？"

然而，所有的人都非常的意外，因为格兰特尔还是不同意这个提议，因为他担心这样会弄坏他的衬衫。

小塞德兹他生气了，他无法理解格兰特尔，他对格兰特尔说："你害怕有危险，你也害怕弄脏你的衬衣，但我们的胜利也就没有了。"

他很生气，但是仍然不放弃胜利的希望，于是对格兰特尔说："你不用穿这个窗户了，但是，你可以帮我，把我送上去吗？"

格兰特尔没有同意，他看看小塞德兹脚上沾满泥土的鞋子，又看看自己身上的衬衫，还是怕弄脏衬衣。

这一次真的把小塞德兹惹怒了，他朝着格兰特尔喊道："你实在是不可理喻，你真是太自私了，就因为你的衣服，你连帮帮我都不愿意，我可是你最好的朋友！"

其他的小伙伴也愤怒了，他们都不愿意再和格兰特尔玩耍了，并且决定，下次再玩战争游戏时，说什么也不让格兰特尔加入了。

小塞德兹真的生气了，他没有想到，自己的朋友居然为了一件衬衫而不愿意帮助他，这真的伤了小塞德兹的心。所有的孩子都穿过了那个窗户，只有格兰特尔没有，他一个人默默地离开了这里。

小塞德兹非常生气，他也没有理格兰特尔。玩完这个游戏以后，小塞德兹回家了。他将今天发生的事情告诉了鲍里斯，并且还补充道："爸爸，我真的非常生气，他怎么可以这样对待我？他真的一点也没有考虑到我们，我不想和他再做朋友了。"

随后，小塞德兹继续说："爸爸，我以前不知道你说的那句话是什么意思。但是，现在我懂了，如果每一个人都像格兰特尔那样的自私，我们国家肯定没有了希望。"

鲍里斯没有阻止小塞德兹，也没有发表任何言论，只是静静地听着孩子发表自己内心的想法。

鲍里斯认为，当孩子与别人发生矛盾找父母倾诉时，父母不管多忙，都要认真听孩子说完，并表示对孩子的理解与接纳，以缓解孩子不良的情绪，引导孩子把事情的经过叙述下去。

父母只有认真听孩子说，才能从中找到问题所在，才能指导孩子正确看待这一矛盾，然后才能独立地解决矛盾。

当然，父母还要从孩子叙述中辨别真伪，以帮助孩子分析冲突发生的真正原因，这样找到矛盾产生的焦点，才能更好地解决问题。

当小塞德兹说完以后，鲍里斯对小塞德兹说："我不能说格兰特尔是对的，爸爸只想给你说一点，你是他的朋友，你不应该恨他，懂吗？"

鲍里斯告诉小塞德兹，人与人之间发生的矛盾、冲突，总是有一定的原因，要么自己对别人产生了误会，要么某一方有错等。

看到小塞德兹不服气的样子，鲍里斯接着说："我平时教育你要尊重别人，你认为自己尊重格兰特尔吗？如果尊重他，就应该尊重他的选择，而不应该对他产生憎恨的情绪。每一个人都有自己的想法，我们没有办法控制他们的思想，但需要给予尊重。"

鲍里斯这么说，是有道理的。一个人被尊重，他就会感觉自己受到重视，在别人眼里自己是被接受和肯定的，他也会愿意与他人相处。

鲍里斯希望小塞德兹做事情的时候，多为别人考虑一下，从别人的内心需要出发，做个能给别人带来快乐的人，这样他也会受到别人喜爱和尊重。

可是小塞德兹依旧很不服气："为什么我要尊重他，他怎么不知道尊重我呢？我们大家那么努力，都是因为他前功尽弃了！"

鲍里斯拍拍小塞德兹的肩，继续安慰他："如果你用换位思考的方式，站在格兰特尔的角度考虑一下，你愿意让自己的干净衬衫被弄脏吗？你要懂得，尊重会给别人带快乐感和满足感，能让你得到更多友谊。"

小塞德兹没有出声，他可能有自己的想法，也可能在思考一些问题。但是，鲍里斯希望他能够通过这件事情明白一些道理，形成正确的认知。

孩子小时候与伙伴一起玩耍时，会有矛盾出现；上学后，也会与同学发生些误会；将来长大参加工作，还将会面临着与同事之间的摩擦等等，与人之间的矛盾一直会伴随着孩子的一生，什么时间都有可能出现，与什么人都可能发生。

如果矛盾总是存在，问题一直解决不了，那么孩子就会一直心存烦恼，朋友也会逐渐减少，这影响孩子的心理健康不说，还会使孩子形成一个心理定势：认为自己没有能力独自处理好与别人的冲突。这对孩子的成长不利。

所以，在孩子与小伙伴之间产生了矛盾后，父母要及时教孩子解决矛盾，并帮助孩子学会与人快乐相处的方法。

在那次游戏过后，小塞德兹和格兰特尔的关系越来越远了，尽管鲍里斯已经教育过了小塞德兹了，但那似乎没有什么作用，小塞德兹还是疏远了格兰特尔。

但是，小塞德兹还是会向其他朋友询问关于格兰特尔的消息，这似乎是在关心格兰特尔。但是，当一些关于格兰特尔的坏消息传过来的时候，小塞德兹却表现出了喜悦之情，这让鲍里斯觉得难以理解。

这些异常引起了鲍里斯的注意，他认为，就算格兰特尔与小塞德兹的关系出现了问题，大家住得这么近，也不应该连格兰特尔的身影都见不到。

鲍里斯认为格兰特尔应该是发生了什么事情。于是，他去到了格兰特尔的家里，发现原来格兰特尔生病了。格兰特尔显得特别可怜，只能躺在床上，什么事情都干不了。

于是，鲍里斯快步回到家中，告诉小塞德兹，格兰特尔生病了，希望小塞德兹可以去看一下他，表示关心。

可是，让鲍里斯十分诧异的是，小塞德兹不但不愿意去看望格兰特尔，还说出了让他难以置信的话。小塞德兹对鲍里斯说："我是不会去看格兰特尔的，这是他自作自受。"

鲍里斯生气了，他不敢相信自己的孩子会说出这样的话，于是对小塞德兹说："他是你的朋友，你怎么可以这样对他？"

但是，小塞德兹却理直气壮地对鲍里斯说："从他为了他的衣服不帮我开始，我们就不是朋友了。"

鲍里斯冷静下来，仍然不停地劝说孩子，希望小塞德兹可以去看望格兰特尔，但是，他失败了。小塞德兹并不愿意去看格兰特尔，甚至对格兰特尔十分反感。

鲍里斯知道，强迫孩子可能没有任何作用，于是，他不再强迫孩子去看望格兰特尔，而是换了另一种方式和孩子进行沟通。

鲍里斯认为，小塞德兹还是很喜欢格兰特尔的，只不过他无法放下之前的事情。

鲍里斯跟小塞德兹讲述一些往事，帮助他回忆在他生病的时候，格兰特尔是怎么关心他的。这时，似乎小塞德兹感受到了格兰特尔对自己的好，眼睛有些红红的。

鲍里斯对小塞德兹说："还记得你生病的时候吗？"小塞德兹回答说："记得，他对我非常好，还给我送来好多水果。"

鲍里斯对孩子说："现在格兰特尔生病了，虽然你们有矛盾，但是，你是否应该去看看他呢？"小塞德兹犹豫了，说："我是应该看看他，可是，上次他真的很过分。"鲍里斯告诉孩子，每一个人都不是圣人，都会犯错，应该学会原谅别人。

小塞德兹有些疑惑，鲍里斯继续对他说："其实，每一个人都有自己的缺点，不是完美的，我们都有可能犯错误。不要因为一个人犯一次错误，就彻底否定他。懂吗？"

鲍里斯看的出来，听到这话后，小塞德兹显然有些动摇了，他看看门外，有一种想要出去又不愿意出门的神情。

鲍里斯继续对小塞德兹说："可能，格兰特尔已经知道自己不对了，但因为他生病了，没有办法向你道歉。但是，如果你继续在这里抱怨他的不是，那么，这无疑就说明你的心胸狭窄，你希望自己是这样一个人吗？"

小塞德兹真的意识到自己的不对，他开始反思。当他下定决心后，便飞快地奔向格兰特尔的家，去看望他。

到了晚上，小塞德兹才从格兰特尔的家中回来，并且很兴奋地与鲍里斯分享他们见面的情况。

小塞德兹对鲍里斯说："我去到格兰特尔家中，他看见我，非常地开心，而且他哭着跟我道歉。看到他那个样子，我觉得自己真是太小气了，我知道自己做错了。"

鲍里斯安慰孩子说："格兰特尔是个好孩子，你也是好孩子。他向你道歉，意识到自己的错误。同时，你也知道自己错了，并且也向他道了歉。所以，你们都是好孩子，不需要再互相责备。你们现在关系恢复正常，这样不是皆大欢喜吗？"

经过这件事情，小塞德兹长大了，他知道如何去宽恕别人的过错，并且知道了人不是万能的，每一个人都有自己的过错。这些都是书本上没有的，这些知识帮助了小塞德兹成长，让他更清晰地懂得，人与人之间应该如何相处。

在鲍里斯心里，宽容的人是心胸宽广的，能包容的，万物有容乃大。他很清楚，宽容能使自己拥有更多的朋友，能得到更多来自外界的帮助。

所以，他不希望小塞德兹心胸狭隘，那样会容不下别人的一点过错，见不得自己吃一点亏，生活中一点不如意就耿耿于怀，放不下、移不开，总是想着别人的不是，这就很难让自己的心灵得到解脱和释怀。

如果孩子没有宽容的心，他就会用挑剔的眼光看待世界，总是看到生活中不完美的部分，而让自己感到压抑和痛苦。

在鲍里斯跟他讲这些事情的时候，小塞德兹不停地点头，他已经知道了如何做一个宽宏大量之人。

鲍里斯看到了孩子的成长，十分欣慰。小塞德兹没有被书本所局限，他开始将这些书本上的东西运用现实之中，并且很好地将这些知识消化吸收，这是多么令人开心的事情。

当小塞德兹4岁的时候，小塞德兹一家人和格兰特尔一家人一起去野炊，他们两家人都非常开心，一路上有说有笑的。

两家的大人都认为大自然有益于孩子的身心健康，所以，他们允许孩子们在野外多玩一些时间，然后再回旅馆。

但是，他们在旅馆等了很长时间，都没有看见孩子们回来，便开始担心了。格兰特尔的父母要求报警，但是，鲍里斯却认为先不要报警，他认为孩子一定会找到回来的路。

天色越来越晚，孩子们还是没有回来，两家的父母开始担心了，害怕孩子会出现什么意外。于是，他们请求旅店的老板，希望他可以帮助他们找到孩子。

没过多久，孩子找到了，格兰特尔吓坏了，一回来就抱着妈妈大哭不止。但是，小塞德兹却没有任何事情，看起来还是那么有精神和斗志，没有任何害怕和受惊的感觉。

经过孩子的描述，鲍里斯才知道，孩子在玩的时候太过投入，而不知不觉地进入了丛林的深处，找不到回来的路了。再加上天不断变黑，他们更加无法辨明方向。

格兰特尔吓坏了，不知道怎么办，只会哭。小塞德兹相对冷静，他告诉格兰特尔不要哭，他可以找到回家的路。他开始仔细观察周围的环境，希望可以寻找会旅馆的方向。

小塞德兹兴致盎然地讲述着他们寻找回来的路的过程，格兰特尔的父亲问道："你最后找到方向了吗？"小塞德兹很神气地说："那是肯定的了，要不然，你们怎么可能这么快就发现我们啊？"

接着，大家都想知道小塞德兹是靠什么分辨方向的。于是，小塞德兹很认真地讲："其实这非常容易，因为天色已经黑了，有人的地方肯定会有灯光。所以，我就爬上了大树，看见哪里有灯光，我们俩就朝那个方向前进，就这么简单啊！这是我从《野战计划》里面学到的，里面的士兵就是这么做的。"

鲍里斯一直告诉小塞德兹，知识需要实践，实践是检验真理的唯一标准。亲身体验后的记忆更为强烈，感受也更深刻，所以实践是一种积极有效的教育方式。只有孩子亲身体验了，才会得出自己的体会，从而将书本知识转化为自己的经验。

所以，听到小塞德兹这么说，鲍里斯感到很欣慰。

所有的大人都非常惊讶，难道孩子就不怕自己会摔下来吗？小塞德兹知道了大人的疑虑，他很理智地告诉大家："如果我不上去，我和格兰特尔就找不到会旅馆的路。那么，我们俩就可能会被饿死或者被野兽吃掉。所以，我必须去拼一下。"

小塞德兹的话语惊呆了所有在场的人，就连鲍里斯也不得不对他的孩子竖起拇指，夸奖孩子的勇敢精神。

小塞德兹爬到大树上，看到远处的灯光，知道如果他们走到那里，应该可以得到帮助，然后顺利找到回家的路。于是，他带着格兰特尔向那个方向前进。当他们走了一段路后，看到了旅馆派出来找他们的人，特别高兴。

所有人都不敢相信，一个孩子可以做出这么理智的判断，尤其是他的父亲鲍里斯，他真的为自己的孩子感到骄傲。

学以致用才是最佳的学习效果。父母也要鼓励孩子用自己平时所学到的知识来解决自己生活中碰到的一些问题。一是可以提高孩子的学习兴趣，二是能够让孩子更好地掌握所学的知识。可谓是一举两得，是一种值得父母一试的引导孩子学习的好方法。

父母平时也要多给孩子指点，让孩子想一想自己每天所学的知识，能不能够给自己的现实生活带来什么改变。也可以让孩子用自己的所学来帮助父母做事情。这样也可以提高孩子对于学习的积极性,学习的目的也会更加明确。

鲍里斯在教育孩子方面有着自己独特的教育理念。他并不是按照我们传统的教育模式对孩子进行教育,而是通过游戏或者其他方式诱导孩子学习。

这是十分新奇的方法,通过这样的方法可以让孩子自己寻找兴趣点。鲍里斯通过这种方法,让小塞德兹学会了很多知识。

鲍里斯认为,爱玩是每个孩子的天性,也是孩子应该拥有的权利。孩子在游戏中会展开想象的翅膀,提高其思维能力,游戏还能锻炼孩子的动手能力以及合作意识,提高孩子的社交能力。

父母要善于将游戏导入孩子的学习中,促进孩子的学习。有智慧的父母应该在孩子学习中融入游戏,用游戏来激发孩子的观察力、记忆力,拓展孩子的知识面。

兴趣是最好的老师,孩子通常对枯燥的学习不感兴趣,但对游戏会感兴趣,所以,父母可以在孩子的学习过程中穿插一些小游戏,以此来激发孩子的求知欲等。

有一次,小塞德兹生病了,在家里休息。这时候,正好有客人来拜访鲍里斯。这个客人是一位非常热衷于冒险的人士,当他知道小塞德兹生病了,便希望可以看望他。

当他看到孩子没精打采的样子,不由得发出感慨。但他希望可以帮助孩子恢复精神,于是,他对孩子说:"威廉,叔叔给你带了一个很棒的礼物!"

小塞德兹的精神被调动起来了,他很兴奋地看着叔叔手里那个像表一样的东西,好奇地问:"叔叔,这是什么啊?为什么只有一根针啊?"

叔叔告诉他,这是指南针。小塞德兹仍然不依不饶的问:"这是干什么的啊?为什么会只有一根针啊?"

叔叔笑了,告诉小塞德兹:"它可以帮你指引方向,无论什么时候都可以带你走出迷雾,不会迷失方向,罗盘上的针永远指向北方。"

小塞德兹似乎明白了这个小东西的功能，他对叔叔说："哦，我懂了，这个指南针的用途很大，你要是早一点给我，上一次我就不会在丛林里迷失方向了，害得我大哭一场。"

小塞德兹的话把大家都逗乐了，他一直拿着指南针，爱不释手，一边不停地摆弄指南针，一边想着其中的原理。

当他遇到想不明白的地方便问叔叔："叔叔，为什么这个针一直指向的是北方，而不是其他方向？"

叔叔告诉小塞德兹："因为这是磁力的原因，指南针的指针是由磁石做成的，而地理的北极在地磁的南极附近，磁力使指针永远指向北方，这样无论我们在哪里，都可以找到北方，就不会迷路了。"

可是，小塞德兹似乎并不满意，他继续追问："磁力是什么，为什么磁力要让它指北？"叔叔迷茫了，不知应该如何回答这个问题，思考之后便对小塞德兹说："其实，地球是一个巨大的磁场，是它吸引这小指南针，让它一直指向北方。磁力则是空间的作用而产生的。"

小塞德兹继续问，关于空间的问题，叔叔实在招架不住，便向小塞德兹表示投降，希望他不要再发问了。小塞德兹只好不发问了，自己拿着指南针继续开始了研究。

后来，看到孩子对指南针这么有兴趣，鲍里斯亲自和孩子一起做了一个指南针，满足小塞德兹的好奇的欲望，并且将"磁力"的知识，告诉了小塞德兹，希望小塞德兹可以对这个有清楚的认识。

小塞德兹全心全意地投入这个过程中，终于明白了磁力的问题，并且还懂得了"异性相吸，同性相斥"的道理，小塞德兹真的具有很强的学习能力。

某一天，小塞德兹一个人在院子里玩开火车的游戏，他非常喜欢这个游戏。这个游戏很简单，他就是将一些木盒串起来，这些木盒就是所谓的车厢，然后他自己就是火车头，拉着这些木盒前进。

他非常认真地玩着这个游戏，每到一个地方，他都会报站名，并且停下来，让乘客下车或者上车。在火车行驶的过程中，他的嘴里还在不停地发出一些声音，让旁观者看见都觉得十分可爱。小塞德兹的模仿能力真的十分强劲，可以很生动地模仿现实中的事情。

但是，突然，小塞德兹想要给他的火车增加车厢，可是能够勾起来的小木盒都已经被他用完了，只剩下没有钩子的木盒了。这时，他不知道怎么办才好。

突然，他想到鲍里斯给他讲的磁铁，因为磁铁是有吸引力的。所以，只要把磁铁放在两个木盒中，两个木盒就可以连在一起了。想到这里，小塞德兹笑了，为自己的聪明感到骄傲。

于是，他按照自己的想法，将两块磁铁各自放在不同的木盒上。可是，让他意想不到的事情发生了，那两个磁铁不管怎么样，也不愿意在一起，这样他十分为难。于是，他将它们放在同一个木盒上，但仍然不能相吸在一起，这让小塞德兹十分苦恼。

小塞德兹没有任何办法了，他不知道为什么会发生这样的情况。他想起了父亲，大叫起来："爸爸，爸爸，我遇到麻烦了，这两个磁铁里有两个怪物，它们不喜欢对方，不愿意在一起，我该怎么办啊？帮帮我吧，爸爸，让它们和好如初吧！"

鲍里斯笑了，觉得孩子十分可爱，就对小塞德兹说："这里面没有任何怪物，我不是曾经告诉过'你同性相斥，异性相吸'吗？你再看看你手里的磁块，是不是都是一个极的呀？这样怎么可能吸在一起呢？你只有把不同极的磁铁放在一起，两块磁铁才会吸附在一起呀。"

小塞德兹对鲍里斯的话仍然半信半疑，但是，他还是按照父亲的话做了。神奇的事情发生了，这两个磁铁竟然吸附到了一起，小塞德兹惊讶了，问鲍里斯："爸爸，为什么不同极的在一起就可以吸附啊？为什么要分为南极和北极啊？为什么这样啊？"

面对小塞德兹的这些问题，鲍里斯很早就有所准备，他仔细给孩子讲述着每一个知识点，让孩子可以很好得了解这些问题。由于是小塞德兹自己提出的这些问题，所以，他学起来就会十分的用心。

就是在普通的游戏中，小塞德兹学会了很多知识，掌握了很多道理。

为了帮助孩子了解更多的知识，鲍里斯有意识地设计各种游戏，帮助孩子学习和进步。

有一次，鲍里斯设计了一个可以通过橡皮筋的反弹能力让物体飞起来的玩具，这个玩具对小塞德兹有很大的启发。

小塞德兹自己通过这样的道理制作了很多这样的玩具，并且懂得了飞机的飞行原理，还和鲍里斯一起亲自制作了飞机模型。

有一次，鲍里斯给了小塞德兹两个镜片，一个是老花镜，一个是近视镜。小塞德兹对这两样东西十分感兴趣，他一会儿把近视镜放在自己的眼上，一会儿将老花镜放在自己的眼上，玩得不亦乐乎。

当他把每一个镜片放在自己的眼睛上的时候，都会有眩晕的感觉。就在这个时候，小塞德兹下意识的将两个镜片重叠在一起，这时他看见了远处的山峰，他非常兴奋地告诉自己的父亲。

在这个过程中，他懂得了望远镜的原理和知识，并制作了自己的第一架望远镜。

渐渐地，在这些游戏和日常的教导中，小塞德兹的才能得到了巨大的发展。可是，当人们看到小塞德兹的能力时，却很少有人关注鲍里斯对他成长的帮助和指导。

塞德兹教育启示

1.父母对孩子的教育应遵从自由的原则,不要给孩子过多的压力,要让孩子可以按照自己的意愿去发展,让兴趣成为最好的指导老师。

2.父母可以通过游戏或者其他方式诱导孩子学习,利用孩子求知的欲望激发他们主动学习,从中学到知识。

在快乐中也能学到知识

日子一天一天地过去了，不知不觉小塞德兹已经5岁了，他现在掌握的知识水平已经相当于小学毕业生的知识水平了。但是，因为他年龄还很小，所以，他还没有上学，每天和小朋友们一起玩耍。

有一次，小塞德兹还是像平常一样和小朋友在一起玩耍。突然，格兰特尔看见一只小猫，于是，所有的孩子都冲了上去，他们希望看看这只猫。

可是，这只小猫的反应让所有的人都感觉到奇怪，它并没有像其他小动物一样跑掉，而是趴在原地一动也不动。

看见那只猫不动，于是，很多小伙伴便拿起了石头，向它的身上砸去。虽然小猫因为疼痛而叫了起来，但是其他的小伙伴似乎没有停止对小猫进行伤害的意思，他们继续拿起石头过去。就在这个时候，小塞德兹站出来，阻止了他们的行为，并将受伤的小猫抱走了。

小塞德兹回到家里，希望鲍里斯可以救救这个小猫，看见儿子可怜的哀求，鲍里斯心软了。他给他的医生朋友打电话，希望他可以救助这个小猫，没过多久，小猫痊愈了，并且成为了小塞德兹的好伙伴。

孩子缺乏爱心，几乎成为一个公共的家教难题。许多父母还没有意识到缺乏爱心对孩子未来的影响，从而忽略对孩子爱心的教育，而有的父母不知道该如何培养孩子的爱心。

鲍里斯认为，要使孩子成为一个具有爱心的人，父母平时在生活中要互相关心，互相分担家务，体会对方的辛苦，为孩子树立良好的榜样。

这件事情，让小塞德兹开始对医学产生了巨大的兴趣，希望自己可以学习医学相关的知识。

于是，小塞德兹走到鲍里斯面前，说："爸爸，医生真是了不起，是他们救了小猫，如果没有医生小猫就会死掉。我想学习医学知识，成为一名医生，行吗？"

鲍里斯看着孩子，坚定地告诉他："威廉，你说的是对的，医生是十分重要，我们人类也需要医生帮助我们恢复健康。我支持你的梦想，你可以学习医学知识，只要你愿意。"

小塞德兹兴奋地看着鲍里斯，说："谢谢爸爸，爸爸现在就教我好不好？教我掌握这些知识。"

鲍里斯对孩子说："爸爸可以教你，但是爸爸是研究心理学的，不能够很全面地教你医学，我只能教你一些关于医学方面的简单知识，这些都是成为一名医生所必须具备的知识。"

于是，鲍里斯走进书房，拿出了自己一直珍藏的人体骨骼模型给小塞德兹看，希望他通过这个模型可以了解一些人体常识。

在鲍里斯的引导下，小塞德兹在5岁的时候就对人体表现出极强的兴趣。在鲍里斯的帮助下，他开始对医学知识有了初步的了解，并且还通过了医生从业资格的初试。

这时候，很多人都知道了小塞德兹，并认为他可以成为非常出色的人，甚至还有人认为小塞德兹是拥有上天赐予的特异功能。只有真正了解小塞德兹成长过程的人，才知道他付出了多大的努力才获得了现在的成就。

鲍里斯有一位医生朋友叫爱斯特，他的医术非常高超，在医学领域享誉盛名。同时，在教学上也有很好的教学理念。

当他听说了关于小塞德兹的事情之后，对其进行了很高的赞誉，并且认为小塞德兹长大后会成为一名优秀的医生，能够救助更多的病人。

可是，听到这些话的小塞德兹并不是十分高兴，而且很认真地告诉爱斯特，他并不希望自己将来成为医生，他只是想学习知识，其他的都没有想过。

这让爱斯特非常吃惊，他认为小塞德兹在浪费时间，如果不愿意成为医生，为什么要在这个领域花这么多时间呢？这就是对自己的不负责任，这样将会白白浪费很多精力。爱斯特的话给小塞德兹带来了极大的震撼，他开始失去了斗志，不知道自己现在做得这些是为什么。他开始迷茫了，开始对自己的一切行为产生了怀疑，并且对周围的新奇事物也渐渐失去了兴趣。

有一次，小塞德兹一个人在客厅拿着书发愣，鲍里斯看到他这样，知道孩子遇到难题了，便决定帮助孩子度过现在的困难。于是，鲍里斯走上前去，轻轻握住小塞德兹的一只手，笑着对他说："孩子，你怎么了，一直这么闷闷不乐？"

小塞德兹似乎并不想理会鲍里斯，没有做回答。

鲍里斯继续问孩子："你肯定有事情，你告诉爸爸，说不定爸爸可以帮你。"鲍里斯希望儿子可以说出他的烦恼，这样自己才能帮助孩子解决他的难题。

小塞德兹终于愿意说了，他对鲍里斯说："爸爸，你知道吗？这几天，我一直在想关于爱斯特先生说的话，我觉得他说得十分有道理。既然我不想当医生，那我花费这么多时间学习医学知识，不就是在浪费时间吗？我是不是不应该花费这么多时间在这上面呢？"

鲍里斯知道了孩子的烦恼，于是，他问小塞德兹："那爸爸问你，你还想学习这些知识吗？"

小塞德兹毫不犹豫地说："想，我非常喜欢这些医学知识，但是，一想起我可能学习这些东西没有任何用处，我就不想再学习它们了。"

鲍里斯知道孩子正在犹豫，便对孩子说："你想好以后要当什么吗？知道将来的打算吗？你想当语言学家吗？或是你想成为一名画家？"

小塞德兹摇摇头，对鲍里斯说："我不知道，但是，我希望自己成为一个对社会有用的人。我不知道自己想成为什么，只是现在自己对什么感兴趣就学习什么。"

"看来，你没有任何目标，那我们就什么都不用学了，反正你自己都觉得学了也没有什么用。"

小塞德兹不解地看着父亲，马上说道："爸爸，我不要，我想学，我真的对学习知识很感兴趣，我希望了解这些知识。"

"孩子，你现在还这么小，根本不可能知道自己的将来会做什么，我们现在只能多学一些知识，希望可以对未来的成长有帮助。你现在并没有浪费时间，我们只是在做一些有益于自己未来发展的事情。"

小塞德兹好像突然明白了什么道理似的，豁然开朗，但是，他的脸上又露出了疑惑，对鲍里斯说："那爱斯特先生的话对吗？难道他犯错了？"

"那是爱斯特先生的意见，每一个人都有自己的想法和观点，我们不可能改变别人，我们能做的就是坚信自己的想法，只要我们自己认为是对的，并且可以坚持下去，就会找到自己的道路。"

"那我真的可以再次学习医学吗？我以后可能并不想当医生。"

鲍里斯点了点，给了儿子肯定的回答，并且让孩子自由地选择自己想学的一切知识。在得到父亲的肯定下，小塞德兹不仅学习了医学知识，而且还涉猎了天文、地理、物理等多个学科，并且也知道了这些学科的重要性，他真正地使自己遨游在知识的海洋。

这时的小塞德兹已经远近闻名，成了一个家喻户晓的小天才，很多人都对他十分崇拜。小塞德兹表现出了很多优点，他聪明过人、博学多才。但同时，小塞德兹的一些缺点也逐渐显现出来，这些都被鲍里斯看在眼里。

有段时间，鲍里斯发现孩子已经很长时间没有出门了，也没有和小伙伴们一起玩耍，总是他一个人在自己的房间中待着。

鲍里斯知道，自己独自待在一个空间中，有助于思考问题，获取知识。但是，长时间的独处在自己的空间中，却不利于孩子的成长。

小塞德兹这个年龄是应该玩耍的年龄，应该和小朋友们一起享受快乐的时光，而不是自己一个人在房间中思考。渐渐地，鲍里斯发现，小塞德兹独自待着的时间更长了，就连格兰特尔找他，他也不出去。鲍里斯认为，他需要跟孩子谈一下，如果再这样下去，对于孩子来说是极其危险的。

鲍里斯推开了小塞德兹的房门，对孩子说："你跟格兰特尔怎么了？为什么不愿意和他一起玩耍，你们吵架了吗？我看见格兰特尔来找你玩，可是，你并没有和他出去。"

小塞德兹显然不愿意回答这个问题，十分不耐烦地看着鲍里斯，不愿意鲍里斯插手自己的事情。可是，鲍里斯并没有放弃，他继续问孩子："到底发生了什么事情？你跟爸爸说一下，为什么你拒绝出去啊？"

"我有很多事情要做，我没有时间和他们一起玩儿。"

鲍里斯不解地追问："你有什么事情啊？让你每天这么忙碌？"

小塞德兹不耐烦地解释道："爸爸，我现在是天才，我和他们不一样，不能轻易和一般人接触，这样会损害我的名声的。以前我是太傻了，竟然和他们玩耍，现在我懂了，所以，我不能再和他们在一起了。"

"你懂什么了？"鲍里斯不解地看着小塞德兹。

小塞德兹告诉鲍里斯："这是达·芬奇说的，如果一个人有一个朋友的话，就已经失去了自己的一半，如果有两个朋友，那么就没有自己了。所以，我不能有朋友，不能和他们接触。"

听到这些话，鲍里斯真的有要哭的感觉，孩子竟然因为这一句话，而拒绝和别的孩子接触，这让他十分为难。

达·芬奇的话实在是很荒谬，但是，鲍里斯不能直接对孩子进行批判，否则就会使小塞德兹产生反感。于是，他用了中国的谚语来给孩子讲述另一个道理。

鲍里斯对孩子说："威廉，达·芬奇说的话，应该有他的道理，他是一位伟大的人物。"

"但是我想你理解错这句话的意思了。他并不是要让我们不交朋友，而是希望我们不要被别人的思想所影响，应该坚持自己的观点和看法。如果达·芬奇真的像你认为的那样，他又怎么可能成为伟大的艺术家呢？"

这时，小塞德兹好像终于懂得了一些道理，知道自己做错了。但是，他仍然继续追问："因为我是天才，所以，我应该和一般的人不一样啊！"

鲍里斯继续讲道："孩子，你还是没有明白，天才难道就不是人吗？只要是人就会有自己的缺点，每一个人都有自己的缺点和不足，我们需要正确的认识。而且，你已经显示了你的与众不同，你的才能和博学，已经向世人证明了你的优秀，你不需要再用独处来表示，这样只会让你和周围的一切都渐渐疏远，并且没有任何交流。"

这时，莎拉也过来了，告诉小塞德兹："你明白了吗？威廉，爸爸说的是对的，你这样会使自己变得不合群。即使是格兰特尔，他身上都有你需要学习的东西，你不应该用独处来显示你的不同，也不应该瞧不起别人。"

这时，小塞德兹终于懂得了其中的道理，并且知道自己需要和别人进行交流，也知道了自己之前的做法是多么的愚蠢。

话音刚落，小塞德兹就兴致勃勃地朝着门外跑去。他去找格兰特尔了，他知道自己之前做错了，要向格兰特尔道歉。

看着孩子远去的背影，鲍里斯夫妇露出了欣慰的笑容。

为了帮助孩子成长，开发孩子智力，鲍里斯对孩子一直表现出极强的耐心，并且希望孩子在这样的学习过程中，培养自己良好的品行以及正确的学习态度和人生认知。

可是，在对于如何回答自己孩子的疑难问题时，格兰特尔的父亲和鲍里斯却表现出不同的观点。格兰特尔的父亲觉得，孩子的问题非常枯燥，并且没有任何意义，一直回答下去让自己非常烦躁。

他说："孩子所提的问题常常是千奇百怪的，有些问题很幼稚，有些问题人类至今还没有答案。我们做父母的知识有限，不能给出答案，真是太尴尬了。"

但是，鲍里斯却不这么认为。他认为，孩子爱提问题，是由于好奇的天性和对自然、社会等的认识欲望所产生的，它表现了孩子旺盛的求知欲和爱思考的可贵精神。父母应该鼓励孩子努力学习，帮助他们解决难题。

而且，父母不能因为孩子的问题多，怕在孩子跟前丢面子而对孩子敷衍，这样是对孩子不负责任的表现，往往会断送了孩子对未知世界的认识兴趣，阻挡了孩子的探索步伐。

就在这个时候，小塞德兹捧着一本书，走到他们的面前。他手里的书是生物进化论的少年版，这本书非常有意思，而且小塞德兹也十分喜欢这本书，他拿着这本书认真地读着。

突然，他看向了鲍里斯，问："这里说，人是从猴子进化来的，对吗？为什么人是由猴子进化来的？"

"我不能够准确地解释这一句话，但是，达尔文这样说，肯定有他的道理在里面。"鲍里斯解释道。

可是，这个答案似乎并不能够满足小塞德兹的好奇心，他继续发问："如果我们真是猴子进化来的，为什么现在还有猴子，为什么那些猴子没有进化成人啊？"

"那是因为只有其中的一部分猴子进化了，另一部分猴子仍然保持原样，没有进化。"

"为什么有些猴子可以进化，而另外一些猴子却保持原来的模样呢？"小塞德兹显然有很多问题，这些问题使他疑惑不解。

平时，不管小塞德兹提出什么类型的问题，鲍里斯都认为他是动了脑筋，经过了思考，并且想知道答案的。

所以，面对小塞德兹的每一次问题，鲍里斯无论是否知道答案，都要认真、耐心地对待。在回答前，还会让小塞德兹动脑筋考虑一下，再对他加以引导，给他一个准确的答案。

这一次也不例外。

鲍里斯对小塞德兹说："威廉，你说说自己的想法吧，你认为它们应该是什么样子的？"

小塞德兹想了想，对鲍里斯说："我觉得它们也应该成为人，成为会爬树的人，这样就完美了。"

鲍里斯看了一眼格兰特尔的父亲，他正在关注着这场对话，要看看鲍里斯到底对孩子的问题有多大的容忍度。

鲍里斯继续回答孩子的问题，他说："但是，另一些猴子还是猴子，它们并没有进化，而且已经适应了那样的生活。"

"为什么，为什么呀？"小塞德兹问道。

鲍里斯很认真地对小塞德兹说："在我的认知范围之内，一些猴子失去了爬树的能力，为了适应环境的变化，它们就必须让自己进化，这样才能免受灭绝；而另一些猴子，它们仍然拥有极强的攀爬能力，无需为了生存而让自己进化，因为它们已经适应了环境的变化，所以它们没有进化。"

小塞德兹终于明白了，但是他又有了新的问题，他问鲍里斯："猴子的身体那么灵活，为什么要进化啊？那样不是很好啊？"

"人有思想和头脑，可以掌握很多知识，制造很多猴子无法想象的东西。"

"我认为还是猴子好，身体那么灵活，可以在树上跳来跳去，多好啊！"小塞德兹并不满意鲍里斯的回答。

鲍里斯继续对孩子说道："猴子的身体是非常灵活，但是，它没有办法为社会带来进步和发展。只有拥有优越大脑的我们，才可以给世界带来变化和发展，才能使世界进步。"

但是，小塞德兹继续不依不饶地问鲍里斯关于社会进步等一系列问题，鲍里斯并没有抱怨和厌烦。相反，他还是一点一点地解决孩子的疑问，希望孩子可以真正消除内心的疑问，了解这些事情。

但是，在小塞德兹的教育过程中，鲍里斯从来不给他讲什么神话故事，因为他知道，这些故事对于孩子来说，是骗人的，终有一天孩子会知道这些内容是不对的、捏造的。无论是对于孩子的成长还是教育，都是没有任何用处的，所以，鲍里斯从来不给小塞德兹讲这些故事。

小塞德兹虽然是非常聪明伶俐，但是他仍然只是一个孩子，他还是喜欢像别的孩子一样，睡觉前可以听一个故事才睡觉，这是他非常向往的。莎拉拗不过孩子，于是拿起故事书籍，准备给小塞德兹讲故事。

可是，就在莎拉准备给小塞德兹讲故事的时候，鲍里斯过来了，他给莎拉说，让她先去睡觉，他给小塞德兹讲故事。鲍里斯给小塞德兹讲的并不是神话故事，而是一个真实的故事，是格兰特尔的父亲给鲍里斯讲的一个故事。

格兰特尔的父亲有一个堂兄弟，他的名字叫做温斯特·来盖尔。他非常疯狂地迷恋宗教，并且在对孩子的教育上也用这种方法。

对于宗教的信仰，任何人没有办法干涉别人。有时候宗教对于社会的发展也是有益的，它可以帮人类维持社会秩序，也会帮助劳苦大众克服苦难。

但是，如果将宗教运用到孩子的教育上，将会产生极大的危害。温斯特先生却将这种方式用到孩子的教育上，并且经常用宗教中的故事来恐吓孩子。

温斯特的儿子叫斯特尔，那年只有6岁，可是他却没有笑容，他的脸上更多的是恐惧和害怕，很少可以看见他的笑容。这是由于父亲经常对他说："如果你不乖，你死后不会升入天堂，而是会跌进万恶的地狱。"这对于孩子的影响真的十分巨大。

但是，温斯特经常会吓唬孩子，并要求孩子对他的命令绝对地服从，不允许孩子有任何的反抗。如果孩子不听话，他就会给孩子讲那些可怕的故事。

就这样，孩子在这么小的年龄，就要每天服从宗教的教条。每天最重要的事情就是做祷告和背诵各种教条，这样的生活让孩子苦不堪言，但是他没有能力去反抗父亲，他害怕父亲给他讲的各种故事。所以，他必须对父亲服从。

孩子每天从父亲那里听到的，就是必须要做什么，不可以做什么。这位父亲有时候甚至用命令的语气与孩子对话。在长期这样的教导中，孩子变得冷漠，失去了孩子应有的快乐。

温斯特在他的孩子面前根本不像是一个父亲，更像是一个独裁者。这样教育下的孩子是不会幸福的，小小的斯特尔，在面对他的父亲的时候，除了按照父亲的意愿去行动，他没有任何其他方法。他害怕自己的父亲，因为父亲永远是那么的严肃。

斯特尔在没有接受这样的教育之前，他是十分正常的。他和所有的孩子一样，对所有的一切都充满了好奇，他也喜欢去观察或者了解那些他不知道的现象、知识。可是十分可惜的是，因为他的父亲没有给他正确的教导，使得他的人生发生了巨大的变化。

在一天的早上，斯特尔非常饥饿，没有做祷告便开始吃饭了。可是，这一幕被他的父亲看见了，他的父亲对他进行了严厉的训斥，并且要求孩子马上开始做祷告。

小斯特尔想向父亲解释一下自己为什么这么做，但是他错了，因为他的父亲根本听不进去他的解释，反而训斥得更加严厉了。

温斯特非常气愤地告诉小斯特尔："你必须做完祷告，否则你不准吃饭，即使你非常饿，也不是你可以不做祷告的原因。"

温斯特没有给孩子任何解释的机会，依然是固执己见。他很快让自己安静下来，让自己平静地进入另一个世界，做他的祷告，一切瞬间恢复了平静。

其他的人也不敢违抗温斯特先生的命令，他们放下手上的工作，马上开始进入祷告的状态。斯特尔看见每一个人都进入了状态，也试着让自己开始祷告。

小斯特尔一直都不知道，为什么自己在吃饭之前要做祷告。于是，他壮着胆子问父亲："父亲，为什么我们每天在吃饭前要进行祷告啊？为什么不祷告就不可以吃饭啊？"

父亲告诉斯特尔："因为这些食物是耶稣赐予我们的，我们需要感谢赐予我们食物的神们！"

"我却认为上帝是不希望我们这样做的，因为他是爱护子民的上帝，他不会介意我们是否给他们做祷告的。"

父亲告诉他："上帝是仁慈的，但是，我们不能因为上帝的仁慈，就不对他们进行感谢，这样就是我们的不对。"

但是，小斯特尔仍然想继续问他的父亲，可是温斯特已经失去了耐心，他对于孩子的问题很不耐烦，于是，狠狠地给了孩子一巴掌，口气很凶地对小斯特尔说："没有什么为什么，你每天按时进行祷告就可以了。"

斯特尔哭了，但他仍然不知道这到底是为什么。他的父亲看了看他，对他说："我让你每天做祷告，是不想你以后下地狱去受尽那里的酷刑。"

说完这句话，温斯特开始给他的孩子描述地狱的模样，地狱是那么的可怕，小斯特尔害怕了，他不敢去想象那些画面。

因为父亲一直给孩子讲这些东西，渐渐地孩子认为这些事情是真实存在的。他害怕这些事情，也越来越不敢反抗自己的父亲。因为，他害怕自己会有一天进入那恐怖的地狱。

现在，斯特尔已经长大了，他今年17岁。但是，因为鬼神故事给他造成巨大的伤害，他很多事情都不敢去做，害怕自己会受伤害，童年的阴影无疑使他成为一个怕事之人。

这个故事讲完了，小塞德兹听得十分入神。他思考了一下，然后对鲍里斯说："我知道爸爸想让我明白什么，爸爸，你是不是想告诉我，其实很多故事都是不真实的，我们是实实在在的人，我们应该活在真实的世界中，不要被那些虚幻事情而吓到。"

鲍里斯笑了，他很开心儿子能够明白自己的用意，他对孩子说："爸爸希望威廉可以活得幸福、快乐，可以做一个有勇气的孩子。"

小塞德兹兴致勃勃地向爸爸保证，自己一定可以做到。

在以后的生活中，小塞德兹真的像自己说的那样，变成了一个很有自己想法和主见的孩子。他不会轻易相信任何事情，他知道应该自己去求证每一件事情，并且相信自己的观点和认知，成为了一个有想法和意志坚定的孩子。

塞德兹教育启示

1.在孩子学习知识时，父母要让孩子放下功利心，对于暂时没有用的知识或技能，只要孩子喜欢并对社会无害，就应该支持他们学习。

2.为了帮助孩子成长，开发孩子智力，父母要耐心对孩子进行教育，并且通过这样的教育，培养孩子良好的品行和正确的学习态度与人生认知。

培养孩子相信自己的信念

在美国，所有的男孩子在6岁的时候，就必须进入学校学习知识。这一年小塞德兹正好6岁，到了入学的年龄，所以他的父母将小塞德兹送进了学校。

小塞德兹十分兴奋，他对自己的学校生活十分憧憬。开学的那一天，他很早就起床了，他想象着学校里面的各种场景，心里面十分欢喜。莎拉收拾好以后，带着小塞德兹去了学校。

学校的环境是那么的美丽，里面有好多的孩子，小塞德兹非常喜欢这里的一切。他告诉莎拉，他很高兴，非常喜欢这个学校。莎拉看着小塞德兹脸上的笑容，十分欣慰。

莎拉看着小塞德兹进入了自己的班级，放心地走了。

对于新生，学校有个规矩，就是老师要对每一个孩子进行水平测试，清楚地知道他们的智力水平。这时，小塞德兹的老师走进了教室，他看着孩子们，手里拿着一本书，对孩子们说："请问，你们哪一个可以为我朗读课本上的文字呢？"

小塞德兹听见老师这句话后，从书包中拿出了自己的书籍，然后对老师说："老师，我可以给大家读，但是，不是读你那一本，而是我这本《莎士比亚》。"

这时，老师的脸上全是惊讶，他无法想象这么小的孩子竟然可以读莎士比亚。但是，还没有等老师说话，小塞德兹已经开始读起来了。他读得非常认真和标准，没有任何错误。

老师非常震惊，向他表示祝贺，他真的非常棒。但是，小塞德兹并不知道，他现在已经成为老师和校长苦恼的对象。

这就像是老师们会为那些调皮的孩子烦恼是一样的道理，只不过，他们这次是为了一个非常优秀的孩子而苦恼，他们不知道应该让小塞德兹上几年级。

《波士顿文摘报》曾经对小塞德兹的升学经历做了以下报道：

"关于小塞德兹学习的经过，相关部门的档案中是这样记载的：小学一年级，上课时间为一天；小学二年级，上课时间为短短几天时间；小学三年级，上课时间为三个月的时间；小学四年级，上课时间为七天；小学五年级，上课时间为三个半月；小学六年级和七年级一共为一个月多一点。"

当时，这篇报道几乎让所有的人惊奇不已。他们不敢相信，有一个孩子拥有如此高的智商。

但是，很多人都十分惊讶，为什么在三年级和五年级的时候，小塞德兹要花相对较长的时间学习。很多人认为，这可能是因为，他在那段时间忙着研究其他事情所以延误了升学。

的确，小塞德兹在这段时间，一直忙于他的医学研究。在他5岁的时候，已经通过了医学资格的初试，在以后的时间中，小塞德兹一直没有放弃医学。

小塞德兹投入了大量的时间研究生理学以及解剖学。他用莎拉当时准备考哈佛医学院的书籍，认真地研究着解剖学，这可是这个领域的权威书籍，是由格雷主编的。

有一天，鲍里斯和莎拉都出去办事情了，家里只有小塞德兹一个人。这时，有一个老妇人来到家中做客。

当听到敲门的声音以后，小塞德兹马上跑到门口去开门。但是，她进到屋里里面，一个让她十分诧异的画面呈现在她的眼前，她无法相信眼前景象是真实的。

后来，她告诉鲍里斯："我不知道威廉在干什么，但是，我看到了满地都是书，而且他的面前还有一个人体的骨架。我真不敢相信，这仅仅是一个6岁的孩子。我不知道他在干什么，只看到那些书是关于妇产科学。这么小的孩子，竟然会研究妇产科？"

老妇人说到这里，仍然是一副诧异的神情。

"你为什么要研究这个啊？有什么用啊？我问小塞德兹。他的回答真是让我难以置信，他告诉我，他想知道自己是怎么来到这个世界上的。"这位老妇人十分惊讶地讲述着她和小塞德兹的对话过程。

莎拉对这位妇人说："不要惊讶，威廉十分喜欢研究东西，只要他有什么不明白的，他就喜欢通过研究，自己找到答案。"

可是，这位老妇人却十分疑惑，她对莎拉说："我不明白，这么大的孩子不是应该享受快乐的时光，自由自在地玩耍吗？"

"只要孩子自己觉得快乐就可以了，我们不强迫孩子做任何事情。"莎拉说道。

"威廉一直这样研究，哪里会有时间写作业呢？"

这时，鲍里斯开始说话了："他已经会那些知识了，我不想让孩子仅仅只是局限在书本上，只要他喜欢，我愿意让他做。"

这位老妇人没有再说话了，但是，可以很容易地看到，她心中仍然充满疑惑以及对小塞德兹的钦佩。

小塞德兹非常喜欢解剖学，他很用心地研究着这门学科，并且通过了哈佛医学院的解剖专业的考试。鲍里斯从内心为孩子感到骄傲，孩子实在是非常了不起。

但是，鲍里斯对于解剖学却一直不是非常感兴趣。因为要考博士，所以他必须学习解剖学。鲍里斯一直不喜欢死记硬背的东西，现在他不得不去背诵这些内容了。

当小塞德兹知道鲍里斯的难处以后，就试图帮助鲍里斯学习解剖学。他每天都会和鲍里斯一起学习解剖学，而且监督鲍里斯背诵知识点。莎拉也觉得他们父子十分有意思，鲍里斯考博士竟然需要儿子的帮助。

小塞德兹在学校中，可以说是风云人物，所有的人都知道这个小神童，每一个老师对他都是赞不绝口。

可是，或许是因为他听到了太多赞美的声音，开始有一些忘乎所以，他觉得自己像一个被人尊敬的圣人。在学校，所有的老师都会给予他特殊的关照。在家里，他也是那么的自由自在、无拘无束。他开始自满，甚至是自负了，于是便做出了不好的行为。

小塞德兹放学后，便坐在沙发上一言不发，阅读自己手里的书籍，并且看得不亦乐乎。但是，这并不是小塞德兹平时看的书籍，而是家里没有的书籍，里面的内容也十分不健康。

鲍里斯看到了这一切，他走到小塞德兹的身边问："威廉，你在看什么啊？"

小塞德兹很镇静地告诉鲍里斯："这是一本很好看的书，我很喜欢这本书。我们班里的同学都在看这本书。"

鲍里斯对这小塞德兹说："威廉，可以让爸爸看一下这本书吗？"

小塞德兹很坦然地将这把书给了鲍里斯，当鲍里斯看到里面的内容时，他十分气愤。这是一本十分糟糕的书，里面到处都是不健康的画面，可是，小塞德兹竟然看这些书籍，这让鲍里斯气愤之极。

但是，他知道不可以对小塞德兹发脾气，这样孩子就会更加反叛。于是，鲍里斯对小塞德兹说："威廉，这本书你不可以再看了。明天把他还给你的同学吧，不要再继续看了。"

小塞德兹十分不解地问鲍里斯，到底是为什么。鲍里斯告诉孩子："这本书里面没有任何知识可以帮助你，相反，它还会使你的人生变得庸俗不堪。"

可是，小塞德兹仍然不解地问鲍里斯："同学们都在看，我也喜欢看，而且现在我也没有什么事情，为什么不让我看啊？"

"每一个人都有自己的想法，我们不可能要求别人去做什么，也不能因为别人做了什么，我们就要做什么，这是不对的，我们应该有自己的想法。而且，孩子，你真的没有事情做吗？你现在没有对知识的热情了吗？"鲍里斯对孩子说道。

小塞德兹可能知道自己的言行已经伤害了父亲，便说道："爸爸，我是想说，老师讲的内容我都会了，我不需要再花费时间了。"

"威廉，你以前对知识的热情都消失了吗？你真的确定自己不需要学习就什么都会了吗？"

小塞德兹知道了自己不对，但又十分茫然，不知道自己到底应该怎么做。

鲍里斯知道孩子处于茫然阶段，于是对他说："威廉，知识的海洋是十分浩瀚的。任何人不可能完全学会所有的东西，我们只可能用自己有限的时间尽可能地去掌握一些知识。我们只有不停地学习，才能够更好地明辨是非。但是，你需要明白你现在的能力只是暂时比别人强，如果你不好好学习知识，别人就会比你好，你愿意落后吗？"

鲍里斯接着说："可是，我非常遗憾，你竟然看这本书，这无疑证明你没有很好的认知能力，否则，你不会允许自己的时间花费在这些无聊的书上。"

小塞德兹知道自己做错了，他向父亲承认了错误，但是，他又迷茫了。他不知道自己接下来应该干什么，不知道什么才是对他有用的，他的眼睛中显露出了难过的神情。

鲍里斯看到这一幕，对小塞德兹说："孩子，你现在要做的，就是让自己去掌握更多的正确的知识，让自己变得强大起来，并且可以试着去探索更多未知的奥秘。"

小塞德兹恍然大悟，他知道了自己应该做什么，知道了自己应该向什么方向迈进。他开心地笑了，不再迷茫，也开始了新的求知之路。

经过这件事情之后，小塞德兹给人感觉一下子懂事了很多。他不仅积极参加各种各样的课外活动以及户外锻炼，而且能够很清楚地知道自己想要做什么，自己的目标是什么。这些对于孩子未来的成长，无疑是有利的。

孩子在生活中，会遇到各种各样的问题，他们会遇到很多复杂的事情。可能会因为一些事，变得消极，甚至开始对自己产生怀疑。因为，在孩子身体成长的过程中，他们的心智也在不断地成长和发育。

小塞德兹也是如此，小塞德兹的成绩一直是最好的，所以无论什么比赛他都希望自己可以拿到第一。但是，每个人都有自己的缺点和不足。

有一天，小塞德兹报名参加了学校的跑步比赛，因为他的年龄很小，根本跑不过别人，最后，他跑了最后一名。

这件事情对小塞德兹产生了很大影响，他觉得自己十分丢人。但是，这是一场同年级的比赛，全部都是四年级的孩子，小塞德兹是一年级孩子的体能，他又怎么可能跑得过那些高年级的孩子，更何况他报的还是对速度要求非常之快的50米跑步比赛。

可是，显然小塞德兹对这次跑步非常重视，而且觉得自己非常丢人，只拿到了最后一名。事情已经过去了很长时间，可是小塞德兹依然无法释怀。

这让鲍里斯和莎拉开始有些担忧，他们害怕孩子从此一蹶不振。于是，鲍里斯走到了小塞德兹的身边，希望可以与他进行深谈。

鲍里斯对孩子说："威廉，你是不是还在为跑步的事情而感到难受？"

"爸爸，我觉得我很丢人，我在班级里一直都是第一名，可是，那次比赛竟然是最后一名。我觉得我难以面对其他同学。"小塞德兹讲道。

"威廉，对于这件事情，你想过为什么你会跑最后吗？我并不认为你有多么的难堪和丢人，你看过你的对手吗？他们每一个人都比你高大，他们的腿都比你长。在这方面你已经处于劣势了，所以，你肯定会输给他们的。"

鲍里斯说道。

"但是，爸爸，可我现在是最后一名啊，实在是非常的丢人。我学习成绩一直是非常的优秀，可我的体育成绩却无法和他们比。"

"威廉，你现在的抱怨没有丝毫理由，他们的年龄比你大，我们可以通过后天的努力让智力迅速发育，但是，我们没有办法让自己的身体也快速成长啊。他们每一个人都比你大那么多，跑得比你快是正常的。"鲍里斯对孩子说。

"可是，爸爸，你不知道，现在所有的同学都在看我笑话，我心里很难受。"小塞德兹还是无法把自己从悲伤的情绪中拉出。

鲍里斯继续说："威廉，你知道吗？一个人最大的敌人，不在外面，而是在一个人的心里，如果你不够自信，不愿意相信自己，你就很容易被被颓废和绝望所困扰。"

鲍里斯希望帮助小塞德兹建立自信，他客观分析了现实状况，帮助小塞德兹认识到自己的长处和不足，并相信他以后会取得更大进步。

小塞德兹说："爸爸，我感觉很沮丧，我好像做什么事情都不可能成功。"

鲍里斯知道，如果小塞德兹一直这样想下去，以后再次面对困难事情时便会自乱阵脚，选择逃避或者退却，从而与成功擦肩而过。

他必须让儿子恢复自信，在面对困难和挑战时从容自如，坚信自己可以克服眼前这些障碍，达到最终的目标，而不是对现实抱着消极、悲观的态度。

鲍里斯知道孩子还在难过，但他不知道该怎样劝解孩子了。他让莎拉过来，试着用她的方法开解孩子。

莎拉对小塞德兹说："孩子，你知道吗？你现在因为年龄小，所以你跑不过他们。但是当你长大的时候，你肯定可以超过他们。"

小塞德兹半信半疑地看着妈妈，不知道这是否是真的，但他的眼睛中已经看到了希望。

莎拉接着说："妈妈没有骗你，你的体育成绩，在和你一样大的孩子中，是最棒的。妈妈问过你的体育老师的，相信妈妈。"

听到这些话，小塞德兹似乎又重新有了希望，他认真地听着妈妈将的每一句话，他从妈妈的话语中重新燃起了希望的火焰。

小塞德兹终于恢复了信心，他知道自己应该怎么做了，他又恢复了原来的活力。

孩子在成长路上，会经常遇到成功和失败，父母要让孩子学会坦然地面对输赢，不因成功而骄傲，不因失败而气馁。

胜负输赢本是人生常有的事，孩子在成长过程中必须早日学会坦然面对输赢。父母要加强对孩子的挫折教育，让孩子能够顺利走出失败迎接成功。

这就事情终于过去了，小塞德兹的心情也渐渐开朗起来了。鲍里斯知道小塞德兹应该加强锻炼了，于是，他在家里的花园中给孩子安置了一个秋千，希望可以帮助小塞德兹锻炼身体。

鲍里斯认为大部分的孩子都十分喜欢秋千，但是，小塞德兹却十分害怕，他不敢上去，更不敢荡秋千，因为他害怕自己会摔下来。

可是，鲍里斯仍然想让孩子可以荡秋千，于是，他抱着孩子上去，并且让莎拉在下面扶着。然而就是这样，小塞德兹还是被吓得哭了，他十分害怕。

小塞德兹的嘴里不停地说着："爸爸，快让我下来，我这样会摔倒，爸爸。"小塞德兹两手紧紧的抓着绳子，没有半点松懈，十分害怕因为疏忽而摔下来。

鲍里斯笑了，他对小塞德兹说："威廉，不要害怕，爸爸在这里扶着你呢，妈妈也在这里，你不会受伤的。"

莎拉也对小塞德兹说："不要害怕，孩子，你看我们都在这里，你不会摔倒，相信妈妈。你是男子汉，要勇敢一些。"

但是，小塞德兹仍然十分害怕，嘴里不停地哭求着。

鲍里斯知道了孩子是真的害怕，如果硬让孩子在上面坐着是没有任何好处的，于是，他把小塞德兹抱下来，对孩子说："孩子，你看看爸爸，爸爸先荡秋千，给你做个示范好吗？"

于是，鲍里斯开始了荡秋千，小塞德兹看着父亲荡得那么好，十分羡慕，希望自己也可以荡得和父亲一样好。

小塞德兹大声对鲍里斯喊道："爸爸，你真的非常棒，我也想和你一样，你可以教我吗？"

鲍里斯非常开心，小塞德兹终于愿意上秋千了。但是小塞德兹的动作非常别扭，让人看起来很难受。所以，孩子扭了半天，还是荡不起来，而且动作十分难看。

就在这个时候，家里的佣人莱依小姐回来了，她看到小塞德兹那么难看的动作，不由得大笑起来，并且对这小塞德兹说："孩子，你在干什么？你的动作真滑稽。"

莎拉马上打断她的话，并且朝莱依小姐使了一个眼色，然后才说："他刚开始学习，你不认为他已经非常优秀了吗？"

鲍里斯也马上说了一句："是啊，刚开始可以做到这样，真是非常难得啊！"

莱依小姐知道自己说错了，她马上对小塞德兹说："你真的很棒，我刚开始学的时候，连扭都不会，只会一直蹬腿，你真的很棒。"

听完莱依的话，小塞德兹显得十分兴奋，并且十分用心地学习其如何荡秋千。

鲍里斯看到孩子的信心十足，于是继续对他说："孩子，你已经非常棒了，我小的时候刚学习荡秋千还不如你呢。"

这时，小塞德兹心里的恐惧感已经彻底消失了，非常兴奋地开始学习荡秋千。

过了一天，鲍里斯下班回到家中，他听见从花园里传来阵阵笑声。原来，小塞德兹已经学会了如何荡秋千，他和莱依小姐两个人，在后院里非常开心地荡着秋千。

父母为孩子创设的挫折要适度、适量，能够引起孩子的挫折感，但不能太强，要遵循循序渐进的原则。一次只给孩子创设一个挫折情景，过多难题会损伤孩子的积极性，让孩子产生严重的受挫感，从而失去探索的勇气。

父母创设的目标要切合实际，让孩子能够通过努力实现。如果为孩子创设的期望值过高，孩子始终无法实现，挫折教育就变成打击教育了。

当父母发现自己的孩子碰上了困境，变得消极、垂头丧气、想打退堂鼓的时候，要多给孩子一些鼓励，让他们能够在逆境中也能坚持努力。

但是，没过多久，另一件事情引起了鲍里斯的注意。他发现小塞德兹已经不喜欢玩秋千了，他每天都拿着一个哑铃，不停地举上举下，鲍里斯不知道孩子为什么会突然迷恋上这个。因为他认为这项运动不适合小孩子，小塞德兹的年龄不适合做剧烈运动。

于是，鲍里斯走到小塞德兹身旁问："你为什么要做这个啊？"

"这项运动非常好，我很喜欢。"小塞德兹告诉鲍里斯。

但是，鲍里斯不明白为什么儿子不去荡秋千，而突然热爱上哑铃运动，这让他真的非常惊奇，于是他问小塞德兹原因。

小塞德兹告诉鲍里斯："今天，我遇到了格兰特尔的父亲，他让我和格兰特尔比赛，我荡秋千荡得好，格兰特尔的哑铃举得很棒。格兰特尔的父亲还说，我们谁可以胜利，那么就被称为天才。"

鲍里斯非常生气，他没有想到格兰特尔的父亲竟然没有告诉自己，就让自己的孩子和他的孩子进行比赛，这是非常荒谬的事情。

格兰特尔的父亲曾经和鲍里斯提出过这样的要求，但是鲍里斯并没有同意，他不认为这样的做法有助于孩子的成长。

可是，格兰特尔的父亲没有和他沟通，就让两个孩子进行比赛，他相当不满，甚至抑制不住内心的气愤之情，很生气地对小塞德兹说："你做这个荒唐的练习，就是为了比赛？"

可是，小塞德兹并没有觉得自己做得不对，反而对鲍里斯说："我希望自己每一件事情都是第一，我不想让他超过我，所以我必须练习。"

鲍里斯已经十分生气了，他大声对孩子说："你仅仅只是想超过他，那么超过他，你又能怎么样？你又能从中获得什么呢？"

小塞德兹不知道应该怎么回答鲍里斯的问题，他一直想要超过别人，可他没有想过别的事情。所以，他不知道怎么样回答鲍里斯的问题。

鲍里斯看出了孩子的疑惑，于是便继续对他说："爸爸知道你的想法。可是，孩子我让你学习知识或者让你进行体育锻炼，强身健体，并不是让你跟别人比较。因为，你不可能什么事情都比别人强，你有你的弱点和不足，我们学习或者锻炼也不是为了别人，我们是为了自己。格兰特尔的身体那么强壮，你的力气肯定没有他大，你非要拿着自己的短处和别人的长处比，这不是自讨苦吃吗？"

鲍里斯感到很生气，因为他发现小塞德兹不愿意接受自己的短处。他认为，接受自己的弱点是孩子心理健康的重要标志，他有责任让小塞德兹接受自己的不足。

小塞德兹好像明白了一些道理，他继续听着鲍里斯说，鲍里斯接着继续讲："而且，你现在根本不适合练习这项运动，你的身体骨骼还没有发育完全。"

小塞德兹明白了鲍里斯的意思，他不再锻炼自己的肌肉，他将哑铃放在地上，自己跑出去玩耍了。

但是，鲍里斯却还是忧心忡忡，他认为这件事情是格兰特尔父亲不对，他需要去跟他好好谈一下。

他还没有进门，就听见格兰特尔在受父亲的训斥，而且从声音中可以听出，格兰特尔的父亲一定非常生气。

　　"你怎么这么笨，到底是什么原因，你真是不可理喻。你说说，你有什么比威廉优秀，你一点长进都没有。我让你和威廉比赛，是想通过这个比赛激励你，可是你是怎么回事，越来越差劲儿。"格兰特尔的父亲十分严厉地训斥着孩子。

　　格兰特尔也非常生气，他不知道自己怎么回事，自己越是想表现好，却越表现不好。他也非常难受，可是没有人理解他，父亲只会不停地抱怨他。

　　格兰特尔的父亲十分生气，他认为这就是因为格兰特尔太笨，不肯努力造成的。所以，他并没有安慰格兰特尔。

　　格兰特尔十分伤心，他哭着跑了出了客厅，回到自己的房间。

　　这时，格兰特尔的父亲才看到鲍里斯在他们的家中，于是马上笑脸相迎："鲍里斯博士，快请坐，刚才真是失态了，我不知道您在这里。哎，我只是想让格兰特尔能够在和威廉的比赛中成长起来，能够拥有上进心，可是，我现在发现我错了，事情演变得越发糟糕。"

　　鲍里斯则说道："我知道会是这样的结果，所以我今天才来找你，想跟你谈谈这件事情。"

　　格兰特尔的父亲十分惊讶，他看着鲍里斯希望他可以详细地讲明缘由。

　　鲍里斯继续说道："我本来就不同意让孩子们进行所谓的比较或者比赛，你想一下为什么我会反对。因为，通过这些比赛，就无形中会使胜利的人产生自负的感觉，他就会觉得自己十分优秀。

　　"但是，相反输的那一个孩子呢？他就会越来越没用信心，开始对自己失望，觉得自己非常笨，这无疑是在打击孩子的自信心。这样下去，孩子又怎么会进步啊！"

　　格兰特尔的父亲明白了一些道理，他知道自己做错了，自己的做法使孩子变得更加糟糕，他开始内疚和自责，觉得对不起孩子。

　　格兰特尔的父亲对鲍里斯说："博士，我知道我错了，可是，我应该怎么办啊？帮帮格兰特尔吧，我不想看着孩子一天一天消沉下去，我还想看见那个乐观、开朗的孩子。"

鲍里斯对格兰特尔的父亲说："我知道，格兰特尔是个好孩子，我也很想帮助他。我们现在需要做的，就是让格兰特尔知道，现在发生的一切事情都是因为他自己，和别人没有任何的关系。"

这时候，格兰特尔的父亲犹豫了，因为之前他已经刺激了孩子，他不希望再次给格兰特尔打击。他认为如果自己这样告诉孩子，孩子会彻底失去信心。

鲍里斯看出来了他的担心，于是对格兰特尔的父亲说："不要担心，我们这不是给格兰特尔二次伤害，我们只是让孩子知道，失败不是因为他天生笨，而是因为他不够努力造成的，这是我们重新帮助孩子建立自信心的关键。"

格兰特尔的父亲依然不是特别明白，他对鲍里斯说："那我应该做什么啊？应该怎么做？"他依然不知道自己到底应该如何帮助孩子。

"我们要做的就是让格兰特尔知道，他非常聪明，他每次都输给威廉，不是因为他不够好。这样，我们就可以帮助孩子恢复自信了。"鲍里斯对格兰特尔的父亲说道。

父母随意打击孩子的自信心，会使得孩子越来越怀疑自己的能力与水平，从而日渐消沉与自卑。

在现实生活中，有些父母只单一地看到孩子某方面的缺陷，从而全盘否定孩子的能力，正如格兰特尔的父亲一样。这种以偏概全，很可能使孩子对自己的长处也失去信心，从而变得颓废消沉。

第二天，鲍里斯带着小塞德兹来到了格兰特尔的家里面，这是他们昨天约好的。

小塞德兹一看见格兰特尔，就很开心地跑过去，拉着格兰特尔的手，说："格兰特尔，你最近怎么了？我好想你，可是你也不来我家，也不来找我玩了，你到底怎么了？"

格兰特尔低着头，对小塞德兹说："你那么聪明，可是，我却笨得像猪，我不适合做你的朋友。"

小塞德兹听得云里雾里，他不知道格兰特尔的意思，十分不解地看着鲍里斯，想知道到底发生了什么事情。

接着，格兰特尔又小声地说："这都是因为我，我实在是非常的笨，要不然父亲也不会生气。我真是太笨了！为什么我会这么笨？"

小塞德兹真是越听越不知道他在说什么，他仅仅是几天没有见格兰特尔，不知道他怎么就变成现在这个样子。

就在这个时候，鲍里斯突然对格兰特尔说："格兰特尔，你这样自暴自弃，你真是没有勇气，我对你真是太失望了。"

格兰特尔的父亲惊呆了，他不敢相信自己的耳朵，鲍里斯竟然会对自己的儿子说出那样的话，这和他们昨天说好的并不一样。

格兰特尔听到这句话，更加没有自信了，他非常伤心。

鲍里斯继续对格兰特尔说道："你想过，我刚才为什么那么说吗？"没等格兰特尔回应，鲍里斯继续说道，"因为你一直沉浸在自己的世界中，你从来不去看一下外面到底发生了什么。而且，你没有让自己弄清楚事情的原因，就已经开始抱怨了。"

格兰特尔似乎又恢复了希望，他还想听鲍里斯会说写什么，他似乎找到了自己的希望所在。

鲍里斯继续对格兰特尔说："你心情不好，是不是因为你一直都不如威廉，你的自尊心受到了打击，你觉得自己非常蠢笨？"

他点了点头，表示了对鲍里斯话语的肯定。

鲍里斯接着说："你知道原因吗？你肯定没有想过。"格兰特尔满是惊讶地抬起头看着鲍里斯，鲍里斯毫不在意。

他继续说："因为你从来没有像小塞德兹那么努力，威廉为了学习一样新的知识，他会花很多时间去思考、去背诵，但是，你没有，这就是你不如他的原因。"

这时，格兰特尔也开始说话了："我也曾经想过这个，但后来，我还是认为威廉很聪明，我没他聪明，所以，我比不过他。"

鲍里斯接着说道："这就是你的错误了，你这种想法阻碍了你的进步。因为，知识是一点一滴的积累，不是瞬间就可以形成的，就像你想超过威廉一样，就必须一步一个脚印走，不能偷懒，应该坚持不懈。只有这样，你才会取得真正的成功。

"任何人都不可能一天或者几天的时间，就可以超过另外一个人，所有的事情都需要一个漫长的过程，你明白吗？"

格兰特尔明白了，自己应该努力学习，但是，他又对鲍里斯说："我现在不知道自己应该做些什么来提高自己。"

"格兰特尔，你必须要明白，你的智商没有问题，你很聪明，只要你肯用功读书，你就可以取得成功，你一定要相信自己，你是很棒的。"鲍里斯对格兰特尔说道，希望格兰特尔可以真正的找回信心，重新开始努力学习。

这时，格兰特尔的脸上已经流露出了喜悦和兴奋的表情，他很开心，并且一再重复地问鲍里斯："真的是这样吗？"鲍里斯给予了他肯定的答案。

父母在教育孩子的过程中，要全面评价孩子，既看到孩子的聪明智慧，也要看到孩子做事的态度。很多时候，做事的成功与否，看的就是一个人在对待事情上的态度。正确的态度决定正确的行动，正确的行动就会带来理想的结果。

有的孩子认为，自己不如别人优秀，是因为自己不够聪明，这是错误的认识，最终会误导了孩子的行为。

父母应该赞赏孩子努力的程度，而不是孩子有颗聪明的头脑，否则只会让孩子更加迷茫，因而不注重后天的学习和努力。

父母要从小就为孩子树立这个观念：任何成就的获得，靠的就是努力，一分耕耘一分收获，没有付出就没有回报。无论先天智力是什么状态，要想获得比别人更多的收获，就要付出比别人更多的时间与汗水。

从那件事以后，格兰特尔就像变成另一个人一样，他用功读书，并且非常认真，让所有人都觉得不可思议。他还会和小塞德兹一起研究问题，他已经彻底改变自己了。很快地，格兰特尔的成绩取得了飞速地提高，他的自信也得到了很大的提升，

鲍里斯对于孩子的教育一直非常有耐心，他认为这样有助于孩子的成长和学习。这时的小塞德兹已经7岁了，他已经读完了小学，掌握了小学生应该掌握的知识。但是，鲍里斯和莎拉希望孩子可以继续在学校里面的生活，进入中学学堂。

塞德兹教育启示

1.孩子在生活中，会遇到各种各样的问题，可能会因此变得消极，甚至开始对自己产生怀疑，父母要帮助孩子看到自己的优势，恢复自信。

2.父母不能总是说出否定孩子的话，更不能拿孩子的短处与他人的长处相比，而应该鼓励孩子努力发展自己的优势。

追求真理是勇敢的表现

小塞德兹应该进入中学了，他已经读完所有小学的课程。但是，他进入中学的道路却是非常坎坷的。

鲍里斯帮小塞德兹申请了很多学校，但是没有一所学校愿意接受他。他们认为小塞德兹这么小，就要进入中学是十分不可思议的。有很多学校认为小塞德兹仅仅7岁，他肯定没有足够的知识积淀。

但是，鲍里斯并没有放弃，他仍然带着孩子去其他的中学，希望他们可以接受他。

这一次，他们来到了巴尔摩中学，见到了校长，鲍里斯希望校长可以让小塞德兹进入学校学习。

但是，听到他们的要求后，校长十分的不解，他认为这对父子精神有问题。看到校长的眼光，鲍里斯已经不想再说下去了，他也非常不喜欢这样的校长。

就在这个时候，小塞德兹说话了，他非常想进入学校，他很想和小朋友们一起玩。于是，他对校长说：“尊敬的校长，我真的已经掌握了所有小学的知识，你可以出题考我的。”

校长也有些不悦，他对鲍里斯说：“我不想出任何考题，我们学校是不可能接受你的孩子的。可能这个孩子接受过一些教育，可以做很多题。但是，我们还是没有办法接受他。我只希望你可以把孩子送回小学，让他将小学的知识掌握好以后，再上中学。"

校长的这些话，让鲍里斯十分生气，他已经不想让孩子读这所中学了，但是，小塞德兹似乎对校长的话十分不满意，他站起来，凝视着校长。

过了一会儿，小塞德兹跟校长说："可是，我并不是只会解题呀，我会很多知识，我真的已经很好地掌握了小学的知识。我还了解很多天文、物理、生物等方面的知识，请收我吧，校长。"

但是，校长仍然不为所动，他很生气地对小塞德兹说道："你再怎么说也没有用，我们学校只接受达到年龄的学生。"

小塞德兹仍然不解地问校长："为什么？"

校长不耐烦地继续回答："因为，这里是中学，不是小学，更不是托儿所。我们这里的孩子全部都有自理能力，我们不想将中学办成幼儿园。"

听到校长这么说，鲍里斯十分气愤，他对校长说道："我们的孩子完全可以自理，这一点你可以放心，而且我们每天会准时来接孩子回家，他可以不用住校。"可是，就算这样，校长都没有同意。

校长拒绝了他们的入学申请，原因就是小塞德兹年龄太小，没有达到入学的年龄。

小塞德兹不能进入学校学习，他非常不开心。因为，他真的想和大家一样进入学校学习、玩耍，但是没有办法，他只能暂时在家里自学。

这个时候，小塞德兹的表哥来看望他，他的名字叫做米斯哥特，他的到来给小塞德兹的假期添加了很多乐趣。

小塞德兹的表哥米斯哥特十分可爱，而且非常聪明，他比小塞德兹大3岁。他不但学习成绩非常优秀，而且他的兴趣爱好也十分广泛。他喜欢尝试各种东西，他的身体也非常的强壮。他的到来，让小塞德兹十分的兴奋。

米斯哥特是一个人独自骑着车子来到小塞德兹家做客的，小塞德兹看见自己的表哥非常兴奋，但是，他更加感兴趣的是表哥骑的自行车。小塞德兹真的非常想要掌握这个技能。

他一直想知道关于自行车的事情，想知道自行车是怎么跑起来的，更希望自己可以学会骑自行车。他一直缠着表哥，希望表哥可以教自己学自行车。表哥最终还是拗不过小塞德兹，答应教他学习骑自行车。

米斯哥特也是非常有头脑的孩子，他先给小塞德兹讲一些关于骑车子的理论，然后，才让小塞德兹上车子上去骑。但是，讲是非常容易，真要骑起来就非常不容易了。

小塞德兹一次又一次从车子上摔下来，他的妈妈看到了非常心痛，不希望儿子再继续学习骑车子了。因为小塞德兹的腿已经摔伤了，还流了很多血。莎拉跑过去对孩子说："我们不学车子了，你看你的腿都流血了。"

可是，小塞德兹一直恳求妈妈，希望妈妈可以让他继续学。

这时，米斯哥特也对莎拉说："不要担心，学车子肯定会受伤的，没事的。"

但是，莎拉并不这么认为，她跑到鲍里斯那里，对鲍里斯说："快别让威廉学车子了，他都已经流血了。我看着十分心疼，他学不会的，他没有这方面的能力，不要勉强再学了。"

鲍里斯听到这句话，非常生气，他对莎拉说："我的孩子怎么可能没有能力去学习自行车？他一定可以的。"

"可是，都这么多次了，他还是不会骑，而且还留了那么多血。我们不要让孩子学了。"莎拉恳求道，眼里因为心疼小塞德兹充满了泪水。

"那我们为什么不再多给威廉一次机会，他肯定可以学会的。"鲍里斯对自己的儿子满是信心，他不相信自己的儿子连自行车都学不会。

夫妻俩的对话被小塞德兹听见了，他非常感谢父亲对他的鼓励，并且希望父亲相信，他一定可以学好。

于是，小塞德兹非常刻苦地练习骑自行车，很快学会了如何骑自行车，这让所有的人都为他感到高兴。

困难和挫折，对于成长中的孩子来说，是一所最好的大学。一个孩子如果没有经历过困难和挫折，就品味不到成功的喜悦，没有经历过苦难，就永远感受不到什么叫幸福。

挫折既是好事，又是坏事。它一方面给人益处，磨炼人的意志，使人更加成熟、坚强；另一方面，挫折会使某些人消极、颓废，从此一蹶不振，或引起粗暴、消极的对抗行为，导致矛盾激化，造成不必要的伤害和损失。

所以，父母要帮助孩子认识挫折的成因，让他们正确对待挫折，培养孩子对抗挫折的能力，而不能因为不舍得让孩子吃苦，就阻拦孩子去经历挫折。

很多家庭往往只有一个孩子，这些孩子便成了家庭的中心，是家中的"小皇帝"、"小公主"，父母对他们宠爱有加，万般呵护，会使他们失去承受挫折的能力。

所以，当孩子有机会锻炼自己时，父母一定不要害怕孩子吃苦，而要鼓励孩子吃苦，爱孩子，就应该为孩子打算得长远些。

时间飞快地流逝，暑假很快过完了，孩子们都开学了。小塞德兹没有了小伙伴，他开始感到寂寞。

但是，在暑假里，他的车技得到了飞速地提高，并且又掌握了一些外语。小塞德兹在学习上有了很大地进步，但是，他还是多少有些不开心，因为他没有了玩耍的伙伴。

看到孩子表现出来的悲伤，鲍里斯知道他还是非常想回到学校。但是现在只能先暂时在家学习，鲍里斯尽量花更多地时间陪伴孩子，使他能够不感到孤独。

有一段时间，鲍里斯和莎拉要去外地办些公务。他们非常担心小塞德兹一个人在家里会感到孤单，于是决定让孩子去舅舅家。这样，小塞德兹就不会觉得孤单，而且还能让他更好地接触大自然。

于是，鲍里斯和萨拉开始帮小塞德兹收拾东西，让他去乡下的舅舅家住一段时间。他们一家人开心地登上了火车，一路上小塞德兹都非常兴奋，一直盯着着窗外的景象。

忽然，小塞德兹竟然发出笑声，鲍里斯和莎拉都十分的惊讶。

他们问小塞德兹为什么发笑，小塞德兹很兴奋地告诉父亲："看啊，外面的树好像长了腿，在一直往后面跑，真是好神奇啊！"

小塞德兹的话，让莎拉觉得很好笑。但是，鲍里斯却认为这是孩子学习的绝佳机会。正好可以结合现实事物，给孩子讲述一些物理常识，并且让孩子将这些知识消化吸收。

鲍里斯很认真地对孩子说："威廉，你弄错了，不是树在动，而是我们坐的火车在动。"

但是，小塞德兹却不这么认为，他对鲍里斯说："爸爸，我还是认为是树在动。因为，我一直坐在火车上，我并没有发现火车有什么异常，反而是外面的树一直在动。"

鲍里斯想了想，这样可能无法说通小塞德兹，于是，他换了另外一种说法："孩子，假如你现在没有在火车上，而是在下面的话，你又会看见什么呢？或者是，你又会有什么发现呢？"

小塞德兹思考了一下，告诉鲍里斯："我应该会向另一个方向跑，就像下面的树一样。"小塞德兹很满意自己的回答。

"你认为，你跑得的速度有这么快吗？"鲍里斯看着小塞德兹说。

"对啊，我根本不可能跑这么快。爸爸，到底是怎么回事啊？"小塞德兹不解地问鲍里斯。

鲍里斯并没有对孩子进行责备，而是对小塞德兹进行了表扬，这让小塞德兹十分惊讶，他不解地问鲍里斯："爸爸，为什么会表扬我啊，我什么都没有做？"

这时，鲍里斯对小塞德兹说："我表扬你的原因，是因为你今天发现了一个新的物理现象。"

小塞德兹更加不解，完全不知道发生了什么事情。

鲍里斯抓住这个机会，给小塞德兹教授物理知识："我所说的就是参照物的知识，你刚才发现的就是物理学上的参照物现象。你刚才就是一直在把火车当成你的参照物，你坐在火车上，所以你不会感觉到火车在走，却可以发现树在不断地移动。我们反过来思考一下，如果你将树当成参照物，你就会发现火车在很迅速地移动。"

小塞德兹明白了，他对鲍里斯说："爸爸，我知道是怎么回事了。原来这是参照物的知识，就是因为我坐在火车上，所以我根本无法感觉到火车是动的，相反，我却很清晰地看见树木在动。"

鲍里斯希望孩子可以真正地明白这个物理现象，于是，就问小塞德兹："你如果现在没有在火车上，而是在树的位置上，你会有什么发现呢？"

小塞德兹很快地回答鲍里斯的问题："爸爸，那就要看参照物了，如果我把自己认为是参照物的话，那么，火车就是在移动。可如果我仍然将火车当做参照物，那么，还是树在移动，这一次是我和树一起运动。"

可是，鲍里斯仍然继续问孩子："你认为对吗，树可以跑吗？"鲍里斯是想知道孩子到底懂了没有。

小塞德兹对鲍里斯说："爸爸，这是因为火车在跑啊，这是相对的。"小塞德兹很兴奋地对鲍里斯说。

鲍里斯笑了，莎拉也十分开心。他们对小塞德兹说："孩子，你的学习能力真棒，领悟能力也很强。"

他们一家人就这样有说有笑地来到了舅舅家里，家里只有舅妈和孩子在家，舅舅还在上班。舅妈给他们准备了丰盛的晚宴来招待他们，时间很快过去了，鲍里斯和莎拉在这里陪了孩子两天，便回家了。因为他们要开始忙碌自己的事情了。

这是小塞德兹第一次独自一个人在别人家住这么长时间，他每隔一段时间，就要给鲍里斯写信，给他说说自己最近的现状。他从来没有过离家这么长时间，所以，他的信里很多内容都是在表达他对家和父母的思念。

他告诉鲍里斯，这个家里经常只有他和舅妈还有表姐，因为舅舅工作很忙，所以很少待在家里。但是，他觉得自己是一个男人，和女人在一起十分没意思，而且还要保护她们。所以，他不愿意待在家里，而是经常去外面捉蝴蝶玩。

鲍里斯这段时间工作很忙，但是，他和莎拉还是每周都去乡下看望小塞德兹，这也是小塞德兹最幸福的时间，因为他可以见到自己的父母，还可以和他们一起去大自然享受新鲜的空气。

又到了这一天，鲍里斯很兴奋地来到乡下，还没有进门，他就开始喊小塞德兹的名字，但是，却没有人回应他。

鲍里斯觉得非常奇怪，因为平常这个时候，小塞德兹早已经兴奋地跑出来了，可是现在他连孩子的影子都没有看见。

鲍里斯走上前敲门，这时，小塞德兹的舅妈出现了，她非常难过，鲍里斯觉得一定发生了什么事情。她们把鲍里斯带到小塞德兹的房间里，这时，鲍里斯终于知道了发生什么事情了。

他看见自己的儿子，一个人躺在床上。鲍里斯马上跑过去，伤心地看着孩子。

"威廉生病了，他昨天一直在发烧，今天稍微好点儿了。但是，精神还不是很好，身上还是有点烫。"舅妈给鲍里斯讲述着小塞德兹的病症，心疼地看着小塞德兹。

小塞德兹听见了说话的声音，慢慢地睁开了自己的眼睛。

这时，小塞德兹模糊地看见了父亲的身影。他兴奋地喊叫了起来："爸爸，爸爸，你来看我了吗？是你吗？我好想你啊。"

鲍里斯非常心疼，对小塞德兹说："是的，真的是我，不要起来孩子，快休息一会吧。"

这时，舅妈已经出去了，这个房间只剩下了鲍里斯和小塞德兹。小塞德兹激动得都要哭了，他十分想念自己的父亲。鲍里斯也非常内疚，这段时间他没有陪在孩子的身边，没有好好的照顾孩子，他觉得这是自己的失职。

小塞德兹对父亲说："爸爸，你知道吗？我最近十分难受，心里非常不好受。"

"我知道，孩子，你生病了，所以，你才感觉到不舒服的。"鲍里斯对小塞德兹说。

小塞德兹说道："爸爸，不是这样的，这和生病没有关系。"鲍里斯感觉到，孩子似乎还有其他的事情。

于是，问小塞德兹："到底发生什么事情了？你跟爸爸说说。"鲍里斯一直认为自己的孩子坚强又自信，他不知道到底发生了什么事情，会让小塞德兹这么难过。

小塞德兹向鲍里斯说了件最近发生的事情。

原来，小塞德兹还是像平常一样去外面捉蝴蝶，这一天，天气很好，外面的空气也很新鲜。蝴蝶还是那么的美丽，它们在大自然中自由地舞动自己的身躯。

小塞德兹非常兴奋，他还是向以前一样，拿起他的网兜捉捕这只蝴蝶，小塞德兹很快地捉到一只。但是，很奇怪，这只蝴蝶并没有像之前捉的那些蝴蝶一样，挣扎着要离开这个网，它一动也不动。

小塞德兹想知道到底发生了什么事情，但又害怕蝴蝶跑了。所以，他很小心地翻开自己的网。

当他翻开的时候，他才发现，原来蝴蝶已经死了。对于捕捉蝴蝶这项活动来说，这件事情很正常，孩子们经常因为用力过猛，而把蝴蝶弄死。但是，很多小孩子会很快再去捉下一只。

可是，小塞德兹却十分难过，他没有办法原谅自己的行为，他认为自己犯了罪，因为自己的失误让小蝴蝶死去了。

这件事对小塞德兹的打击很大，他实在无法原谅自己的过失行为，也因为这件事情，小塞德兹一直很难过。

这样的状态维持了很长时间，因为他一直认为这是他的过失，才造成了小蝴蝶的死亡。

小塞德兹对鲍里斯说：“爸爸，我的心里非常难过，它就这样死去了，我真的非常伤心，这是我造成的，我应该对蝴蝶的死负责任。”

鲍里斯知道自己的儿子已经陷入自责中，他对孩子说：“威廉，你不应该这么想，你完全没预料到事情会变成这样子，这只是一个意外，你不应该将意外当成自己的责任。”

但是，小塞德兹依然非常伤心，他没有办法从悲痛中走出来。

鲍里斯知道孩子现在什么都听不进去，他希望用一些言简意赅的道理，让孩子走出阴霾。于是，对小塞德兹说：“威廉，现在蝴蝶已经死了，我们没有任何办法可以改变事实，你应该振作起来，勇敢面对未来。”

但是，小塞德兹仍然纠结在痛苦之中无法自拔。

鲍里斯继续说道：“孩子，我们没有办法改变什么，我们现在能做的就是更加爱护动物，珍惜动物的生命，这样，就可以弥补你对小蝴蝶造成的伤害。”他不想看到孩子继续这么颓废。

后来，看到小塞德兹的脸色有些缓和，鲍里斯才放心地继续说：“生活总有很多不如意的事，我们不能总把这些事放心里，该放下的就要放下，不能什么事都放在心里。心的空间是有限的，如果让烦恼占据，快乐就进不来，只有把烦恼请出去，才能让快乐走进来。

这句话似乎起到了作用，小塞德兹对鲍里斯说：“爸爸，我会学会放下烦恼，过去的已经过去，不用过去烦扰自己。”

听到这句话，鲍里斯放心了：“孩子，你说得对。”

在孩子烦恼的时候，父母要学会开导孩子，不要把烦恼抱住不放，生活中每天都可能发生很多不如意的事，如果什么都在意，什么都往心里去，永远没有快乐，会被烦恼困苦压垮。所以，要让孩子学会放下，学会心态平和地看待一切问题。

等小塞德兹病好以后，鲍里斯带着孩子又去了野外。他希望孩子可以呼吸新鲜空气，这有利于小塞德兹的身体健康。但是，这时候他们又遇见了蝴蝶。

这些蝴蝶的出现，又将小塞德兹带入了忧郁的情感之中，他又想起了那只死去的蝴蝶。他开始难过了，鲍里斯问孩子："威廉，你怎么了？"小塞德兹回答道："爸爸，我心里好难过，是我害死了它们的同伴。"

鲍里斯对孩子说："威廉，在我们的生活中，肯定会遇到很多难过的事情，这只是其中一件小事。如果你一直让自己为它苦恼，那我们怎么发现更好的事情呢？

"世界上的事情不全是完美的，也不会每一件事情都合我们的心意，我们必须学会面对它们，这样我们才能够向更加美好的未来出发，否则，我们将无法拥有美好的明天。

"你再看看这些蝴蝶，它们是那么的快乐，并没有责怪你，你应该向它们一样，这样我们的生活才会充满希望。"

这时，小塞德兹终于释怀了。

没过多久，鲍里斯和莎拉终于完成了自己的工作，他们将小塞德兹接回家。很久没有回家的小塞德兹对家十分想念，当他回到家的第一件事情，就是去找他的好朋友格兰特尔。

小塞德兹和父亲以及格兰特尔父子，他们四个人已经很久没有在一起了。他们四个人一起去散步，聊了很多话题，一个哲学方面的话题引起了他们争论。

格兰特尔的父亲对鲍里斯说："你看这些树木每一棵都是相互联系的，它们之间都有关系，由此可见，每一个事物之间都是相互关联，互相依存的。"

鲍里斯对格兰特尔的父亲的观点表示肯定，但是，他不知道他想说明什么，于是，鲍里斯说："我赞同你的观点，但是，请问你想要说明什么呢？"

格兰特尔的父亲说道："我说这句话，并没有任何含义，就是随便说说而已。"

这时，小塞德兹则说话了："先生，那我想知道任何事物之间如果真的都有联系的话，那咱俩是什么联系啊？"

格兰特尔的父亲对这个问题似乎有点为难，他对小塞德兹说："我认为你和你的父亲联系更加亲密，是血缘关系。"

小塞德兹显然并不满意这个问题，对他说："先生，这个我当然知道，我想问的是我们之间，而不是我和爸爸之间。"

这时，格兰特尔忍不住了，他对小塞德兹说："这是我的爸爸，我们之间才有联系呢。"

可是，小塞德兹似乎也不满意格兰特尔的说法，对格兰特尔说："你的说法我不赞成，刚才你的父亲明明说每一个事物都有联系的，难道我和你的父亲没有联系吗，我们可都是这个地球上的人。"

格兰特尔也不放弃，他对小塞德兹说："你的想法也不无道理，但是，我认为这只是一种说法而已，我们不需要当真。"

小塞德兹气愤了，说道："对于这件事情，你认为仅仅是一种说法吗？你这是对真理的蔑视。"说完，小塞德兹扭过头去。

这场争论是由格兰特尔的父亲引起的，他不想孩子们伤了和气，于是，不让他们争论下去了。

但是，鲍里斯却不这么认为，他说道："不要停，让他们继续争论吧。这是一个很好的机会，我认为这样可以使孩子们掌握到真正的知识，有利于培养他们的学习能力。"

小塞德兹和格兰特尔并没有听见父亲们的说话，他们已经像两匹小马，迅速地跑到了前面。但是，他们仍然没有放弃刚才的问题。

这时，格兰特尔的父亲对鲍里斯说："博士，我知道知识的重要性，可以帮助孩子成长。但是，这样争论下去的话，不是不利于孩子们之间的友谊吗？这样有好处吗？我们真的要让孩子这样继续争论下去吗？"

鲍里斯知道自己在做什么，他也知道这样会毁坏孩子们的感情。他是这样回答的："我知道这样做的结果，但是，我认为知识会让孩子们终身受益，我宁愿放弃那些所谓的人类交往原则，也希望孩子能够获益终身。"

但是，格兰特尔的父亲似乎并不这么认为，他辩解说："孩子还那么小，为什么要为了这些知识而破坏掉孩子们之间纯真的感情？我真的不觉得这么小的孩子应该要掌握这么多知识。"

鲍里斯却极为不认同，坚定地说道："我不认同你的观点。你没有理解教育的真正含义，教育就是为了让孩子掌握真理。

"我们没有办法让孩子掌握所有的知识，我们只能尽我们所能教育孩子。这才应该是教育所应倡导的。"

格兰特尔的父亲没有回答，他不知道怎么应对这个问题。但是，这个时候，孩子们奔回来了，嘴里还说着什么。

小塞德兹飞快地脱口而出："爸爸，我们懂了，我们每一个人都是相互联系的，这就像你们大人之间是联系的，我和格兰特尔之间也是联系的。我们现在大家在一起散步就可以证明这一点。"小塞德兹说完以后，非常得意。

格兰特尔也马上接上小塞德兹的话："是的，我赞成威廉的话，我们之间都是相互影响和联系的，就像我的行为会对威廉产生影响是一样的道理。"

格拉特尔父亲继续对孩子们问道："那么，你们谁来说一下，这是怎么影响的啊？"

格兰特尔先说道："这很简单，塞德兹先生的话对我产生了很大的影响，让我明白了教育的真谛。"

小塞德兹接着说："先生，您也对我产生了很大的影响，您差点让我和格兰特尔吵起来。"说完，小塞德兹笑了。

这时，四个人终于很透彻地懂得了这个道理，大家乐成了一团。

我们知道两个孩子的关系很好，但是，他们毕竟是孩子。有时候，也会因为一些事情而吵起来，甚至会打起来。

有一天，鲍里斯和格兰特尔的父亲在谈一些事情，他们的孩子则在不远处玩耍。可是，没过多久，他们就听见一阵吵闹声，他们朝声音来源的方向看去，发现两个孩子已经打起来了。

他们马上跑过去，将两个孩子分开，并对孩子们说："谁告诉我，这是发生了什么事情，让你们打起来。"两个孩子显然还十分生气，互不理睬对方。

可是，格兰特尔的父亲已经没有耐心了，对格兰特尔骂道："说，格兰特尔，你就是个小混蛋，到底发生了什么事情。"

格兰特尔还是没有出声，他知道自己惹父亲生气了，便把头低了下来。但是，他的父亲仍然不依不饶的，对格兰特尔嚷道："你快说啊，你到底怎么了？发生了什么事情？"

鲍里斯一直提倡，孩子犯错后，父母别急于批评，要给孩子一个"申诉"的机会。孩子在"申诉"的过程中，也就是在逐步认识错误的过程，父母再稍加指点，就能独自找出错误的解决之道来。这种改错方式，孩子会更喜欢。

所以，看到格兰特尔的父亲这样做，在一旁的鲍里斯忍不住了，于是对格兰特尔的父亲说道："先生，先不要这样，也不要着急，我们先问问孩子到底怎么了，为什么会打架。"

但是，格兰特尔的父亲已经抑制不住自己的脾气了，对鲍里斯先生说道："但是他们已经打起来了，这真让我无法忍受，他们实在是非常太过分了。"

鲍里斯很平静地看着小塞德兹，看得出来，小塞德兹满脸的怒气。于是，他温柔地问道："威廉，告诉爸爸到底发生了什么事情。"

小塞德兹对鲍里斯说："爸爸，格兰特尔真的反应很慢，我批评他，他还反驳我，我很生气，所以我们两个就打在一起了。"

鲍里斯不知道他们因为什么而打起来，于是，继续问小塞德兹："威廉，你告诉父亲，格兰特尔到底什么事情反应很慢，让你这么烦啊？"

小塞德兹很详细地给鲍里斯讲述他和格兰特尔打架的经过："爸爸，其实事情是这样的，我和格兰特尔在玩一个游戏，这个游戏是怎么把这个东西按照图上的要求拼好。我认为应该是这样，因为这样可以很快地将图拼好。

但是，格兰特尔非要按照图上的要求一步一步地拼，还说他的父亲就是这样告诉他的，他认为这样是对的。于是，我就说格兰特尔父子都是那么死板，不会变通。就这样，我们就打起来了。"

鲍里斯对孩子说道："就是这样吗，就这样你们两个就打在一起了？"

小塞德兹还在气头上，很愤怒的对鲍里斯说："是的，我很生气，他的行为让我很难接受。我没有想到，格兰特尔居然这么笨。"

格兰特尔的父亲知道了事情的经过，他变得平静起来，他不知道怎样面对鲍里斯先生以及小塞德兹。

鲍里斯看出了气氛的不对，马上对小塞德兹说："威廉，你怎么可以这么贬低别人？就算格兰特尔的动作很慢，你也不应该这么说他，更不该这样批评格兰特尔的父亲。"

听了鲍里斯的话，小塞德兹脸上露出难为情的表情。他没有说什么，只是呆呆地看着鲍里斯。

鲍里斯认为，孩子犯错了、闯祸了，父母一定要冷静，不能责骂孩子，这样并不利于孩子认错，还伤害了孩子的人格、自尊。

父母要就事论事，引导孩子去找到原因，学会处理各种错误和矛盾。父母只对事不对人，孩子会更乐意接受批评。

想到这里，鲍里斯继续说："这是你的不对，你应该向他们道歉，你可能有你自己的想法，但是格兰特尔也有他的想法，不能因为你们想法不一样，你就批评他，懂吗？"

小塞德兹知道了自己的不对，他对鲍里斯说："爸爸，我知道错了，原谅我吧，我知道我刚才是在让格兰特尔放弃自己的想法，这样的做法是不对的，他应该有自己的想法。"

听到小塞德兹这么说，鲍里斯满意地点点头，然后拍拍小塞德兹的肩，以示安慰，也表示自己不会再追究。

因为鲍里斯知道，与常被父母打骂的孩子相比，一个常受到父母拥抱、抚摸、亲吻的孩子，长大后会更加处变不惊、沉着冷静，善于调节自己。

但是，这个时候，鲍里斯却听见了另外的声音，格兰特尔正在接受自己的父亲的训骂："你看看你，为什么思维这么刻板？为什么就不能变得灵活起来？

"你看人家威廉，他就可以很快地想出另一种方法，可是你还是按照原来的方法来做。你是在玩智力游戏，不需要你墨守成规，懂不懂？能不能多向威廉学习？"

格兰特尔想向父亲说自己的想法，可是，他不知道应该怎么说。

格兰特尔的父亲则说道："格兰特尔，不要再哭了，你的头脑就是不够灵活，你为什么就不能聪明一点儿呢？"

这时，小塞德兹走了过来，说道："先生，我向您道歉，这是我的错，我不应该这么批评格兰特尔，更加不应该连随意批评您，我错了。我想和格兰特尔和好，我们还可以一起玩吗？希望您可以原谅我。"

格兰特尔的父亲点点头，同意了，他也松了一口气。

看到两个孩子又玩在了一起，鲍里斯和格兰特尔的父亲都非常高兴，他们又和好了。

鲍里斯对格兰特尔的父亲说道："不用将这件事情放在心上，孩子们本来就很纯真，他们不会相互过于计较的。"

格兰特尔的父亲说："是啊，小塞德兹真是懂事，要不是因为他，我一定会继续骂格兰特尔，这孩子太不争气了。"

鲍里斯问："你有没有问格兰特尔，他为什么想要那样玩拼图？"

格兰特尔的父亲答道："这还有什么原因？还不是因为他思维呆板，不懂创新吗？还能有什么其他原因？"

鲍里斯听了，心里很不满，严肃地说道："孩子犯错后，我们做父母的一定要给他时间，认真地倾听一下孩子的'申诉'，给他申辩的机会。"

看到格兰特尔的父亲没有反应，鲍里斯继续说："我们只有了解了事情原委后，才能更客观地看待孩子的错误。无论问题多么严重，都要认真听一听犯错的经过，然后才能给出中肯的建议。可是，你看看你，你给格兰特尔提供什么帮助了？"

这时，格兰特尔的父亲开口了，他没有回答鲍里斯的提问，而是岔开话题说："博士，我真羡慕你，你的儿子那么聪明，可是，我的孩子却是那么笨，我真不知道该怎么教孩子。"

鲍里斯回答道："这就是你的错误认识了，其实，格兰特尔并不笨，他也很聪明，这就要靠我们大人对孩子进行教育了。"

格兰特尔的父亲眼前一亮，说道："是吗，博士，我也想让孩子变得懂事、聪明，可是，格兰特尔似乎永远都不开窍，这让我真的非常为难。"

鲍里斯说道："我不这么认为，我觉得格兰特尔非常有自己的想法，你看他们刚才玩的游戏，格兰特尔可以对自己的想法那么坚持，并且对威廉的观点进行反驳，这不就是他有想法的表现吗？"

"这就算有自己的想法了？"格兰特尔的父亲显然不同意鲍里斯的想法，反问道。

"是啊，这当然是孩子自己的想法。可是你看看，你刚才那样的训斥他，他已经没有自己的想法了，他以后会更轻易地服从别人。"鲍里斯直言道。

格兰特尔的父亲已经迷茫了："我是为孩子好，像你这么说，我反而成了打击孩子自信的罪魁祸首了？"

"可以这么理解，"鲍里斯看了格兰特尔一眼，继续说："孩子犯错后，你再生气、怒骂也于事无补，所以要保持冷静。只有在冷静状态中，才能给孩子最实际、有用的建议，指导孩子分析错误的原因。每一个错误的背后都是有原因的，只有找到了原因，才能让孩子彻底改错。"

格兰特尔的父亲虽然知道这些话的意义，但他还是不知道该如何教导孩子。

鲍里斯继续说："我们要用宽容的态度看待孩子成长中的错误，要就事论事，指点出孩子的问题所在。面对孩子的错误，要把心胸放宽再放宽，原谅孩子的疏忽，教孩子下次要注意的事项即可。"

此时，格兰特尔的父亲脸红了，鲍里斯只好用一句话结束了这次谈话："可你呢？把孩子从头骂到脚，直到孩子体无完肤，才算批评完毕。只有尊重孩子的人格，我们也才能得到孩子的尊重。"

格兰特尔的父亲听了，不再说话。

格兰特尔的父亲这样的教育方法，对孩子的成长是极为不利的，他经常以领导者的身份出现，很强硬地告诉孩子，他错了。这样格兰特尔不会得到完善自己的机会。相反，鲍里斯却一直给予孩子引导和帮助，让孩子有自己的想法，这就使得孩子渐渐地变成一个独立、自主的人。

塞德兹教育启示

1. 教育是为了让孩子掌握真理，父母没有办法让孩子掌握所有的知识，但应该尽其所能教育孩子。只有让孩子知道真相，孩子才能了解事实。

2.父母不要经常以领导者的身份出现，并且很强硬的告诉孩子，他错了。而应给予孩子引导和帮助，让孩子有自己的想法，渐渐地变成独立自主的人。

在生活的磨砺下健康成长

经过一年的家庭学习，小塞德兹终于达到了中学准许入学的最低年龄，这也意味着他可以去学校学习了。小塞德兹十分高兴。

但是，小塞德兹还是用很短的时间就学完了中学应该学习的内容，这些课程对于他来说都十分的简单。这对于常人来说，简直太神奇了。

虽然小塞德兹很快就学完了中学课程，但并没有离开中学，因为他还没有到进入大学的年龄，所以他就当起了老师的助手，帮助老师完成日常的教学工作。

所以，在家的时候，小塞德兹经常一个人看一些大学课本，甚至自学大学数学，连鲍里斯都无法解决儿子现在遇到的难题。

更令人惊讶的是，小塞德兹在看一本博士的著作时，竟然发现了博士的错误，还写信给哈佛大学告知他的错误。博士十分惊讶，但是，他接受了小塞德兹的更正，并在自己的书再版时明确指出了这个错误。

小塞德兹的成就让所有人都为之惊叹，但是，他的成就是由于他的不懈努力而获得的。同时，他的成就也离不开父母的悉心教导。

可是，有一段时间小塞德兹非常苦闷。鲍里斯看到孩子每天都困在房间里，几乎不出门。而且，他很久没有看见孩子的脸上露出喜悦的笑容，这让鲍里斯感觉到非常不安。

于是，鲍里斯在孩子走出房门的时候问道："威廉，你最近怎么了？我觉得你非常不对劲儿。告诉爸爸，到底发生什么事情了，爸爸或许可以帮助你。"

可是，小塞德兹似乎并不想让鲍里斯知道发生什么事情了，只是轻轻地对父亲说："爸爸，没什么，不要担心了。"

鲍里斯知道，孩子肯定遇到难题了，便继续追问："威廉，我是你父亲，我可以看出你的心情苦闷，你是不是遇到什么难题了？"

小塞德兹惊讶地看着父亲，然后说道："爸爸，我真的遇到了难题，而且我花了很长时间都解决不了。"

鲍里斯对小塞德兹说："不要难过，孩子，我们在不断克服困难的过程中，不仅会增加人生经验，还可以获得勇气。正是这种勇气使我们有足够的能力面对今后生活中的困难。"

但是，小塞德兹仍然没有任何兴奋地感觉，鲍里斯继续说："人生就是一个不断遇到困难、克服困难的过程，只要具有坚定的信念，就能勇敢地面对生活中的各种困难，以积极饱满的心态迎接下次挑战，最终实现自己的理想。"

小塞德兹说："爸爸，这些道理我都懂，可是心里还是很难过，突然之间感觉很无力，觉得自己什么都做不好。"

鲍里斯想了想，然后语重心长地说："孩子，困难对于我们每一个人来说都是正常的，只要多花些时间，父亲相信你可以做到的。"

小塞德兹对父亲说："爸爸，你错了，这一次我真的不行了，因为，我从来没有像现在这样，对难题感到非常的迷茫。因为，我完全没有思路，我想我已经把自己的才能用尽了。"

鲍里斯非常疑惑地问道："威廉，你怎么变成这个样子？怎么消极的思想已经充斥了你的大脑？"

小塞德兹说："父亲，我从来没有现在这样的感觉，我感到自己已经没有能力去应付这些知识。以前，我学习新的东西都非常快，可是现在却非常难受，我真的无法解答这道题。我或许就不应该学习大学的课程，我真是自讨苦吃。爸爸，我不想再学大学的知识了，我觉得很难，我心里很不好受。如果我不学习，可能心里会好受点。"

鲍里斯也很难受，对孩子说道："威廉，这真的是你的真实想法吗？"

小塞德兹继续说道："爸爸，这是真的，我真的觉得自己很差劲，根本就不是什么神童。有很多事情我都没有能力办到，我很羞愧。"

鲍里斯知道，孩子的成长不可能一路坦途，出现挫折和困难是正常的。孩子现在已经迷茫了，他需要帮助孩子走出困境。

这对于孩子来说是非常重要的，如果解决不好，甚至会对孩子的一生都造成极其恶劣的影响，他真的不希望孩子就这样迷茫下去。

鲍里斯又想，他不可能做孩子一辈子的保护伞。他要做的是，帮助孩子树立坚定的信念，教会孩子克服困难的方法，从而让孩子在风雨的洗礼中变得坚强、勇敢。

鲍里斯想了一个晚上，一大早就来到小塞德兹的屋子里。

鲍里斯说道："威廉，我认为我们需要深谈一次，我觉得你现在已经处于非常混乱的状态。"

小塞德兹说道："爸爸，我们是应该交流一下，我现在真的非常不好受，我需要你的帮助。"

"爸爸今天给你讲一个故事，这是关于帕格尼尼的，你应该认识他吧。"这是鲍里斯想了一晚上想出来的方法，他希望可以从这个角度帮助孩子走出心理的困境。

小塞德兹的兴趣很快被调动起来，他对父亲说道："爸爸，我知道的，他是一位音乐天才，我很喜欢他的作品。"

"那你知道，他最擅长的除了小提琴，还有什么吗？"鲍里斯对小塞德兹说道。

小塞德想了想，摇摇头，表示不知。

鲍里斯对小塞德兹进行提示："就是你也很喜欢的乐器。"

小塞德兹很兴奋地告诉父亲："原来，他也喜欢吉他，我真的不知道啊。"

鲍里斯继续给小塞德兹讲述："帕格尼尼也是在一次偶然的时候，发现了吉他，并且无可救药地喜欢上了它。但是，刚开始的时候，他没有办法演奏好吉他。他当时已经非常有名气了，他不想别人对他有不好的评价。于是，他下定决心要学习好吉他。

"他用了4年的时间，让自己远离人群和城市的喧闹，独自一个人静静地学习吉他。他成功了，他最后将吉他演奏水平提升到了很高的境界。所有的人都为他的成功喝彩，但是，很少有人知道他付出的努力。"

小塞德兹似乎明白了鲍里斯的话，于是说："爸爸，我知道了，我会坚强的，不会再自暴自弃了，我需要努力。"

鲍里斯笑了，他终于看到昔日那个自信的孩子了，继续对孩子说道："威廉，你一定要记住，每一个人都会遇到困难，我们不应该轻易放弃，我们需要努力才能战胜困难。"

小塞德兹懂得了其中的道理，他知道自己应该怎么做了。小塞德兹重新拿起书，开始学习那些让自己困扰不已的知识。

鲍里斯看到这一幕很满意，他一直希望小塞德兹在面临挫折时选择坚持，然后用最快的速度恢复信心，开始下一个行动。

看到小塞德兹开始看书，鲍里斯知道，全力以赴地朝下一个目标前进，是治疗心理创伤的最好方法。孩子行动越迅速，就能越快走出挫折的阴影。

负面情绪太多，是阻碍孩子坚持下去的原因。孩子面临挫折时，父母要及时疏解各种负面情绪，帮助他们快速找回坚持的勇气和信心。

孩子遭遇挫折后，要排解出负面情绪，这样孩子才能够勇敢、坚定地走下去。孩子被情绪困扰而放弃了前进是最遗憾的事。

遇到挫折后，哪怕微不足道的鼓励，也能迅速治疗挫折带来的创伤。父母要鼓励孩子失败后马上调整好情绪行动起来，这样才能更快接近目标。

鲍里斯和莎拉不仅十分注重孩子的知识教育，对孩子的道德和品行的教育也一直没有放松过，他们希望孩子可以全面发展。小塞德兹并不是天生就非常懂事，都是因为鲍里斯对孩子的后天教育，才使得孩子慢慢变得懂事、乖巧、有礼貌。

鲍里斯有一个小侄女，叫玛莎。这是一个不幸的小姑娘，她遭遇了一场车祸，并在车祸中失去了自己的双腿。

因为担心玛莎会沉浸在痛苦中无法自拔，所以，鲍里斯让玛莎来到家里做客，希望可以让她摆脱车祸的阴影。小塞德兹却十分高兴，因为他又有小伙伴陪了。

可是，让所有人惊奇的是，玛莎并没有他们想象中那样悲伤和难过。她自己一个人拄着拐杖，出现在所有人面前，看起来并不悲伤。

小塞德兹很久没有见到玛莎了，他们很兴奋地在一起玩耍。刚开始的几天，他们还觉得十分的新鲜，相互诉说着自己遇到的事情，想知道对方发生了什么事情。

但是，时间一长，两个孩子就开始闹起矛盾来。

一次家庭聚会的时候，玛莎由于动作十分迟缓，在拿饮料的时候，不小心将其中的一杯弄倒了，果汁从里面流了出来，流到了小塞德兹的身上。

小塞德兹非常气愤，这是他精心为晚会选的衣服，他冲着玛莎说："你在干什么啊？"

玛莎看到小塞德兹身上的污渍，对小塞德兹说："对不起，威廉，我真的不希望发生这样的事情，真的对不起。"

可是，小塞德兹仍然不依不饶地对玛莎嚷道："我不管，这是你弄脏的，你必须给我把它弄干净。"

这时，莱依小姐走了过来，对小塞德兹说："让我洗吧，不要再难为玛莎小姐了，她行动不便，就让我帮她吧，你们俩也不要再争吵了。"小塞德兹没有说话。

可是，玛莎的心里却很不是滋味，她很难受。

又过去了一天，这天早上，玛莎很早就起来了，因为，她希望自己可以给小塞德兹洗衣服，不需要莱依小姐的帮忙。于是，很早她便起来了，给小塞德兹洗衣服。

莎拉听见了水声，起来一看，原来是玛莎正在吃力地给儿子洗衣服。她很难受，希望儿子可以看到现在这一幕。她走到小塞德兹的房间，把他叫醒，让他去洗衣房看看。小塞德兹看到这一幕很难受。

他冲上去把衣服从玛莎的手里拿过来，自己洗起来。

玛莎是行动不便了，但是，她的意志却变得格外坚强，她希望自己可以独立，不希望自己成为负担。只要是她能够做到的事情，她都会努力去做。

从玛莎这件事中，小塞德兹看到了自己的不足，他知道自己应该怎么办。他开始以玛莎为榜样，知道自己不应该懒惰，应该自己做力所能及的事情。

鲍里斯一直希望小塞德兹可以成为一个独立自主的人。让孩子独立，需要一个渐进的过程。一个人不可能刚生下来就能自立，因此要培养孩子的独立品质，首先要让孩子做自己力所能及的事情。

所以，鲍里斯和莎拉从小培养小塞德兹的动手能力，让他知道自己的事情自己做，引导他管理好自己的生活，把自己的事情处理好。

同时，鲍里斯让小塞德兹动手去做自己的事情合情合理，小塞德兹也不好拒绝。因此，在小塞德兹还小的时候，鲍里斯就让他自己学习穿衣服，自己收拾床铺，自己收拾书包和书桌，自己的东西自己整理好。

鲍里斯一直希望自己的孩子可以独立做事，不希望他过分依赖别人。因为他知道，只有独立自主的孩子，将来才会成为社会的栋梁，而孩子独立的前提是生活必须能够自理。

所以，每当小塞德兹说"爸爸，你帮我做这件事吧"或者"妈妈，请帮我做那件事"或者是"莱依小姐，请帮我一下"时，只要这些事情是因为小塞德兹懒惰而不愿意做的，鲍里斯就不准任何人帮他做，他希望孩子自己做。

但是，格兰特尔的父亲却对鲍里斯说："博士，我觉得你的行为实在是非常不切实际，我觉得孩子还十分幼小，我们应该帮助他们做一些事情。"

鲍里斯反驳道："先生，我这才是为了孩子，这样孩子才会拥有自理能力。"

看到格兰特尔的父亲有些不理解，鲍里斯解释道："孩子没有独立的精神，从根本上来说，是由于父母不让孩子自理生活引起，而孩子将来的成功，必须依赖孩子的自立自强，从这一点上来说，父母从小不让孩子做事情，不是疼爱孩子，反而是在害孩子。"

可是，格兰特尔的父亲却已经十分恼怒了，他对鲍里斯说道："我不相信你这些说法，孩子才那么小，他们怎么可能独立完成所有的事情？我们需要给予孩子帮助。可是，你还说这是为了孩子，真是不可理喻！"

鲍里斯说道："你误解了我的意思，我所说的不帮，是指不帮孩子做那些小的事情，孩子们自己能做到的事情，却因为懒惰不愿意去做，这时候就不能帮忙。"

"但是，博士，你怎么证明这样就会对孩子好，而且还是为了孩子呢？"格兰特尔的父亲问道。

"如果我们在孩子小时候就让他学着自理生活，孩子自理的能力得到了锻炼，手脑协调能力也会得到大幅度地提高，同时带动了孩子智力的发展，更为重要的是，孩子的独立性得到了增强。

"因为，这些事情都是自己可以做到的，我们让孩子们一点一点地做自己可以做到的事情，长期下去，孩子们就会学会独立。

"哦，"格兰特尔的父亲听完，点了点头，继续说，"这么说似乎是对的，那我想知道不去管孩子或者帮助孩子，他们就可以真的学会自理，并且可以有独立的想法和能力吗？"

"这还不行，我们要做的还有很多。我们要从小让孩子尝试着自己照顾自己，鼓励孩子进行独立思考，在必要的时候给予正确的引导，进行心理安慰。"

看得出来，格兰特尔的父亲还是有些疑惑，他问道："你能不能说得更详细些呢？比如，你是怎么教育小塞德兹的？"

鲍里斯笑着说："孩子在小时候不知道懒惰是什么，并且也不会老待着不动，而是喜欢跟着父母后面学着做事情，这时候是我们培养孩子自理能力的最佳时机。

"虽然此时孩子因为生理发育方面的原因再加上平时没有接触过，做事情会很慢，完成一个动作会费很长时间，但这并不影响孩子的做事情的积极性。

"只要我们不代孩子去做，孩子就会很高兴地一直做下去，而完成一个动作或者一件事情之后，孩子还会感觉到无比的满足与自豪，这样能够增加孩子继续做下去的动力。"

格兰特尔的父亲听了，点了点头，但是，他还是十分的迷茫，不知道怎么做。就在这个时候，格兰特尔过来想让他的父亲帮忙。

他对父亲说："爸爸，你在就好了，能不能帮我一个忙，帮我找一本书吧，这是我非常喜欢的。"

格兰特尔的父亲也开始着急了，问格兰特尔："孩子，你仔细找了吗？一点儿也不记得放在哪里了吗？"

"我已经找了很多地方了，这本书对我来说，非常重要，帮我一下吧，求你了父亲。"

格兰特尔的父亲非常着急，对格兰特尔说："你怎么那么马虎啊，你真的找不到了呀，你等一下，爸爸马上帮你找。"

这时，鲍里斯说话了："先生，不要着急，我相信孩子自己可以找到的，你应该相信格兰特尔。"

"可是，我还是想回去看一下，这个孩子实在是非常马虎，他需要我的帮助。博士，等我一会，我马上就会回来的。"

于是，格兰特尔的父亲马上回到了家中，没多久，就返回了鲍里斯的家里。

鲍里斯关切地问道："怎么这么快就回来了，书怎么样了？"

格兰特尔的父亲笑着说："我们家孩子实在是很不细心啊，他根本就没有好好找，那本书就在他自己的床上。"

鲍里斯先生则说道："我就觉得不会找不到的，其实这件事情，你应该让格兰特尔一个人找，这样就可以锻炼孩子的独立性，这么小的事情，他都需要你的帮忙，那以后怎么办啊？"

格兰特尔的父亲说："我当然知道独立的重要性，可是让他自己找太耽误时间了，不如我帮助他找，让他多一些学习的时间。"

鲍里斯叹口气说："只有独立的孩子，将来才会做成大事，而孩子独立的前提就是生活能够自理。你虽然想让孩子有独立的精神，但却因为不舍得放手导致孩子依赖性增强。"

格兰特尔的父亲听了，说道："我认识一些父母，他们害怕孩子做家务浪费时间耽误学习，于是看孩子料理自己的生活就上前拦了下来，代孩子去做；或者觉得孩子做得太慢、太费劲儿，忍不住去替孩子做了。和他们相比，我还好一点。"

鲍里斯不同意地摇摇头："你心疼孩子，尽量不让孩子动手做事，其实是让孩子失去了尝试的机会，孩子以后处处依赖你，可能会养成好逸恶劳的习惯。"

他们正说话的时候，一个声音打断了他们，不远的地方传来了敲敲打打的声音。

他们看过去，发现小塞德兹正在敲打着什么，这让他们好奇起来。鲍里斯也想知道孩子到底在干什么，他们走到了孩子身边，发现小塞德兹正在修理自己的小自行车。

鲍里斯对小塞德兹说道："威廉，你的车子怎么了？"

"爸爸，我的车子坏了，那上面的脚踏板有些问题，我想把它弄好。"

这时，格兰特尔的父亲则说道："威廉，你那么小，怎么可能修好啊？让你的爸爸修吧。"

鲍里斯知道，孩子开始学做事情，哪怕是一个很简单的动作，因为身体发育不完善以及没有尝试过，都可能做得很费劲，或者不知道从哪里下手，这时候就需要父母给予及时正确的引导。

所以，鲍里斯对孩子说道："威廉，你的方法不对，让爸爸告诉你正确的方法吧，这样才能真的修理好这辆自行车。"

鲍里斯告诉孩子正确的方法，让他不要没有章法地胡乱摆弄，小塞德兹应该先将车子的踏板卸下来，然后将修理好的脚踏板再重新安装上去。

鲍里斯告诉小塞德兹方法以后，并没有帮助他修理，而是继续和格兰特尔的父亲在一起聊天。

这样的行为，让格兰特尔的父亲很不满意，他认为鲍里斯应该去帮助孩子，而不是让孩子一个人在那里忙碌。

鲍里斯回答说："我已经告诉他怎么做，而且还告诉他先做什么，后做什么，他完全有能力自己做到，不用我们担心。"

鲍里斯看得出来，小塞德兹在修车的时候很费劲儿。但是在孩子做事情的时候，如果因为看着费力、困难或者是心疼孩子而上前代孩子去做，会打消孩子做事情的积极性，孩子以后就不会主动，还容易使孩子养成依赖心理。

过了一会儿，小塞德兹跑了过来，对鲍里斯说："爸爸，我不会，我修不好，怎么办啊？"

可是，鲍里斯并没有帮助孩子，而是再一次告诉了孩子修理的关键。他希望孩子再重新试一次，一定可以修理好，他相信自己的孩子，也相信他可以修理好。

鲍里斯知道，此时孩子需要自己的鼓励，这样才不会因失败而气馁，才会增加孩子的积极性，帮助孩子把一件事情坚持做完、做好。

于是，鲍里斯说道："威廉，你的动手能力一直很强，爸爸相信，你完全可以依靠自己的力量把自行车修好，爸爸看好你。"

小塞德兹恢复了信心，他决定重新试一次。这一次加上父亲的打气，他十分有信心："爸爸，你放心吧，我一定能修好。"

小塞德兹又继续开始了自己的工作。鲍里斯看着满头大汗的儿子，心里感到很满意，并为有这样一个儿子而感到自豪。不是因为他聪明，而是因为他够努力。

事实上，就算是小塞德兹真的修不好车子，鲍里斯也不打算批评他。因为他知道，如果用消极的语言去批评指责孩子，会有损孩子自尊，不仅起不到激励孩子的作用，反而使孩子厌恶做事情。

可是，在一旁的格兰特尔的父亲实在忍不住了，他对鲍里斯说："我真的不明白，你为什么不愿意去帮助威廉。如果是小事就算了，可是你竟然让孩子自己修自行车，我真的不赞同你的行为。"

可是，鲍里斯却不这么认为，他笑着对格兰特尔的父亲说："先生，你不用担心，小塞德兹会解决好的，我相信孩子，我已经告诉他方法了。"

格兰特尔的父亲不知道应该说什么，他不说话了。但是，这个时候，小塞德兹回来了，他把车子修好了，很开心地在父亲面前炫耀。他还谢谢父亲对他的帮助，他非常高兴。

鲍里斯笑着说："孩子，你最应该感谢的是你自己，你不依靠父母，完全依靠自己的力量修好了自行车，真是太厉害了！"

鲍里斯知道，每个人都喜欢别人夸奖，孩子也不例外。所以，他才会利用孩子的这个心理，在小塞德兹修完自行车后，及时进行夸奖。

鲍里斯相信，这次的表扬会增加孩子以后继续做事的动力，提高孩子做事情的积极性。而且，以后再做相同的事情时，小塞德兹也会更加自信。

格兰特尔的父亲感觉很诧异，直到他看着小塞德兹坐在车子上骑了两圈后，才好好地称赞了一番。

他说道："小塞德兹实在是太厉害了！和他相比，我的儿子简直是太懒了！什么事情都要依靠我和他妈妈。博士，你说我该怎么办呢？我儿子真是让我羞愧！"

鲍里斯没有回答他的问题，而是耐心解释道："格兰特尔之所以懒惰，是因为有依靠的对象。而小塞德兹努力，是因为我们不让他有所依靠，所以他必须得勤奋努力。"

格兰特尔的父亲听了，说道："这么说来，格兰特尔懒惰，责任在我和他妈妈身上了？是我们让他产生依赖心理，无论是学习、生活，都不让他自己负责。"

"是的。"鲍里斯毫不客气地点点头，"孩子懒惰成性，责任多半在父母身上。未来社会要求勤奋、上进的人才，要想在竞争中立足，就不能让孩子从小泡在'蜜罐'里。"

格兰特尔的父亲点了点头，问道："那么，我该怎么做呢？"

鲍里斯想了想，有条理地回答："首先，你们要在该放手时要放手。孩子小的时候，无微不至的照顾会让孩子更好成长。但是现在格兰特尔已经大了，你们就不要代替他做了，而要放手让他自己去承担。"

"我明白了，"格兰特尔的父亲说，"依赖性是孩子自立的障碍，遇到问题孩子首先想到的不是自己，而是把希望寄托在别人身上，这样就会阻碍孩子自己去承担的行为能力。"

"你说得对。"鲍里斯赞许地点点头，"所以我们要从小就放手把孩子的责任交给孩子，自己的事、自己能解决的事自己去做，不要什么事都企图依靠父母和他人。"

经过了这次谈话，格兰特尔的父亲也改变了对待儿子的态度，开始让儿子尝试着自己的事情自己做。

还有一次，小塞德兹和鲍里斯一起去看望生病的姑姑。小塞德兹的姑姑有一个儿子叫做彼特，是一个十分活泼、好动的孩子。可是，孩子的父亲，也就是塞德兹的姑父却是极为守旧和古板。生活中总会有各种各样的事情，使得这对父子之间发生冲突和不愉快。

记得有一次，彼特的祖母送给他一个礼物，这个礼物是一个万花筒，从筒的一端可以看到里面有好多东西，小彼特觉得十分神奇，他想知道里面到底有什么东西。于是，小彼特将这个万花筒拆了，想要一探究竟。但是，他的父亲十分生气，开始责备小彼特。

鲍里斯听了这件事，认为男孩天性好奇，更富于探索精神，这是他们认识世界的途径。而小彼特父亲的做法，则是在扼杀孩子的探索欲望。

鲍里斯认为，孩子出于好奇心造成了破坏，父母就不要过多干涉，只需给予支持，并提供必要的引导就行了。

鲍里斯想，如果这件事情发生在小塞德兹身上，他绝不会做出类似的行为。因为他知道，在孩子的破坏性行为后面，隐藏着许多天赋，例如创造能力、思维能力、动手能力等。

他还会观察孩子的破坏性行为，从中发现孩子的天赋，然后通过正确引导，让孩子的特殊才能展现出来。

鲍里斯和小塞德兹正在姑姑家做客，就见证了父子俩的争吵

这次是因为小彼特将爷爷的表给拆了，这是彼特的爷爷留给他父亲的唯一东西，他的父亲将这个表当做是珍宝，可是，小彼特竟然把它给拆了。这让他顾不得家里正有客人，就开始和孩子争吵起来。他不仅仅是训骂，更是对小彼特拳打脚踢。

鲍里斯实在无法容忍，他上去制止彼特父亲的行为，并对他说："不要这样对待你的孩子了，你怎么可以打他？"鲍里斯的眼神中充满了愤怒。

但是，这时小彼特的父亲仍然十分生气，对鲍里斯说："我太生气了，他把我爸爸留给我的唯一东西弄成了这个样子。"

"我们都看见了，表是被孩子弄坏了。但是，你认为孩子重要，还是你那块表重要？"

　　小彼特的父亲没有再说话，鲍里斯说道："孩子犯错以后，我们作为大人，应该体谅孩子，问问孩子这样做的原因，而不是对孩子拳打脚踢。孩子这么小，你如果把孩子打伤了可怎么办啊？"

　　小彼特十分难过，他对父亲说："爸爸，我并不愿意将表弄坏，我看见这块表不走了，所以，就想看看怎么了，我只是想帮爸爸修理好手表。"

　　小彼特的父亲听了，脸上露出难堪的神色，他知道，是自己错怪了儿子。但是即便如此，他也绝不愿意承认自己的错误。

　　鲍里斯知道，小彼特的父亲一直是家里的权威，不管是碍于自己的面子，还是碍于自己的权威地位，他都不会向孩子道歉。相反，可能还会觉得自己没有错，一切错在孩子。

　　想到这里，鲍里斯接着对小彼特的父亲说道："无论小彼特是因为什么原因拆开了这个表，你都不应该打孩子，你知道这对孩子的心灵会造成多么大的伤害啊。"

　　小彼特的父亲愣住了，他不明白鲍里斯的意思。

　　鲍里斯接着对他说道："打骂教育是畸形的家庭教育方式，打骂出来的孩子只会像奴隶那样生活。表面上看来，孩子会屈服于你，暂时会控制自己不正确的欲望和错误行为，但这不能从根本上解决问题。

　　"你想想看，小彼特这次拆了手表，你打了他，却不告诉他的错误所在。那么下次呢？小彼特见到其他东西，感觉很好奇，可能还会继续破坏。"

　　看到小彼特的父亲似乎还有些不服气，鲍里斯继续说："你这么做，孩子有可能会变得懦弱，阳奉阴违，甚至滋生逆反的情绪。在我看来，现在的小彼特，已经比去年的小彼特软弱多了，你没有发现他的眼神里全是恐惧吗？"

　　小彼特的父亲看着自己的儿子，没有说话。

　　鲍里斯继续说："危害不只是这些。作为一个孩子，他正在成长，他会有很多出乎意外的想法，我们应该让孩子发挥出这样的想法，让他们可以自由发挥自己的想象力，你这样做就是在扼杀孩子的潜能。"

小彼特的父亲愣在那里，不知道自己应该怎么办了。

对于小彼特来说，那晚是一个漫长的夜晚，他坐在那里哭了很久，他真的非常难过。

鲍里斯走到小彼特的身边，对他说："别难过了，孩子，你应该振作。"

小彼特对鲍里斯说道："舅舅，我很难过，我真的非常讨厌他，我真的不知道怎么面对他。"

第二天，让所有人意外的是，小彼特不见了，他们找遍了所有的地方都没有看见小彼特。最后，在一个马戏团里找到了他。小彼特在那里生活得非常愉快，他不喜欢家里，也不愿意回家了。因为，家没有给他幸福，而是让他觉得非常的压抑和难过。

这让所有人都十分惊讶，小彼特的母亲求孩子回去，但他不愿意回去。就在这个时候，小彼特的母亲昏了过去，因为担心母亲的安危，小彼特才答应跟父亲回家。

后来，小彼特的父亲特地来找鲍里斯，他问道："我以后再也不想用打骂的方式教育孩子了，可是除了打骂，我不知道怎么对待孩子？"

鲍里斯告诉他："经常打骂孩子，会给孩子的自尊心造成难以磨灭的伤害，会使孩子变得懦弱、胆小，自卑，人云亦云，为了逃避打骂而扭曲自己的天性。

"打骂会激发孩子强烈的逆反心理，孩子要么自暴自弃，要么变本加厉，总之给孩子带来的危害是不可估量的。我很高兴，你认识到了打骂孩子的不良后果，愿意改变自己的教子方式，我一定会帮助你。"

接着，鲍里斯把这方面的心得体会告诉了小彼特的父亲。

鲍里斯认为，小彼特的父亲对孩子期待过高，这是导致孩子经常挨打的一个原因。每个孩子的起点不一样，大多数孩子即使挨了打，也不会有进步，所以他让小彼特的父亲放下对孩子的过高期待。

　　小彼特的父亲点头表示赞同，并说自己不会再拿孩子和其他优秀孩子比，也不会要求自己的孩子当神童。

　　鲍里斯又说了自己的第二条建议。在他看来，每个孩子都会犯错，都会有各种缺点，父母必须学会接纳。如果父母想通过打骂消灭孩子的所有错误、缺点，那就打错算盘了。

　　孩子年纪小时，父母的打骂可能奏效，可是当孩子长大了，羞耻感丧失了，打骂也就不再对孩子起效了。

　　在小彼特的父亲答应照做后，鲍里斯说出了自己的第三条建议："你应当采取讲道理的方式，而不是打骂的方式。当孩子犯错误的时候，采取这样的方式让孩子认识到自己犯错误的原因，以及要如何改正自己的错误，这样才能改变孩子。"

　　小彼特的父亲这时才知道，原来教育孩子时除了使用打骂的方式外，还有很多方式可以让孩子信服，而且效果都比打骂要好。

　　于是，小彼特的父亲变得谦虚起来，然后问鲍里斯说："还有其他的好的方法吗？我想都试试，让我和儿子之间的关系能够尽快亲密起来。"

　　鲍里斯笑着说："你别着急，其实还有一个方法也非常有效，就是当你想批评孩子时，就使用相反的方式，也就是夸奖孩子。你越夸奖，孩子就越会发现自己的不足，增强自信心，明确自己要努力的方向，错误也就自然改正了。"

　　和鲍里斯交谈过以后，小彼特的父亲改变了和孩子的交流方式，开始让孩子选择自己喜欢做的事情，两人之间的距离也逐渐消失了。

　　通过这件事情，小塞德兹十分庆幸自己有一位好父亲。

　　小塞德兹的中学生活也结束了，他在中学里一共待了一年的时间，但是，他学到了很多，并且开始做一些发明创造。

　　小塞德兹设计了很多东西，还发明了以12为根的对数表，这对于一个8岁的孩子是多么了不起的事情。很多媒体也对小塞德兹的才能进行了报道，都对小塞德兹的才能予以关注。

　　小塞德兹在语言上也十分有造诣，他对这些让学生们都感到非常头疼的语法十分有研究，并且还通过自己的努力发明了新的更加简便的语言模式，并且被命名为Vender good，这种语言要比现在我们所用的语言更加简单。

　　在中学期间，小塞德兹还出版自己的著作，一共有四本书，但是关于天文学和解剖学的书没有流传下来。另外两本关于数学和语言的书籍则保留了下来。他的这两本书还是仿照其他教科书的模板写的，看过这些书的人都给予了很高的评价。

塞德兹教育启示

　　1.父母要注重孩子的知识教育，对孩子的道德和品行的教育也不能放松，孩子能够全面发展，全看父母的后天教育。

　　2.作为一个孩子，在成长过程中会有很多出乎意料的想法，父母应该让孩子发挥出这样的想法，自由想象。

鼓励的效果比批评更好

这个时候，小塞德兹已经通过了大学的入学考试，可以进入大学学习，但是，因为孩子的年龄太小，麻省理工学院拒绝他入学。

鲍里斯没有办法，只能让孩子继续留在家里学习，直到小塞德兹到了大学要求的最低入学年龄，才又去参加了哈佛大学的入学考试，并最终进入了哈佛大学。

这段时间，小塞德兹没有去学校，他也没有同龄的朋友，只能和自己的家人接触，并且小塞德兹在这个过程中，也了解了很多为人处世方面的道理。

但是，鲍里斯在对孩子的教育过程中，也曾经出现过失误，直到小塞德兹长大后，鲍里斯也没有办法忘记那件事情。

鲍里斯还清晰地记得那一天，小塞德兹和莱依小姐一起剥豆子，小塞德兹非常喜欢做这些事情。

但是，就在这个时候，盛青豆的盆子不小心被弄翻了，而鲍里斯正好从这里经过，他不由分说地就对小塞德兹说道："威廉，你怎么可以把盆子弄翻？"

这时，莱依小姐看见了，对鲍里斯说道："先生，您误会了，这和威廉没有关系。"

"莱依小姐，你不用解释，我知道发生了什么，因为我亲眼看见了。"鲍里斯丝毫听不进别人的话。

小塞德兹十分害怕，他没有说话，也不敢说话。

莱依小姐继续说道："先生，这真的不关威廉的事情，他是个好孩子，他只是在帮我的忙。"

可是鲍里斯继续说道："不用再说了，这就是因为威廉，他一直都是这么笨手笨脚，才会这样的。"

小塞德兹心里非常委屈，他难受极了，哭着跑回了自己的房间。

"先生，你真的太过分。"莱依小姐很生气地对鲍里斯说道。

这个时候，鲍里斯才意识到自己的错误，他想向孩子道歉，一想到孩子刚才的表情，他就难过的不得了。到了晚饭时间，鲍里斯看着小塞德兹，他想说话，但是，为了自己的面子，他还是没有说话。

可是，鲍里斯看着孩子，孩子是那么的难过，没有了以前的活泼，他感到十分的难过。

这时，小塞德兹对父亲说道："爸爸，对不起，我为白天的事情向你道歉。"

所有人都听见了小塞德兹的道歉，但是，他们认为这是鲍里斯的错，孩子不应该道歉。因为，小塞德兹一直是非常得懂事，而且相当聪明。鲍里斯那样说孩子，是他的不对。但是，对于小塞德兹的道歉，鲍里斯没有说任何话，也没有什么行动，所有人都相当不解。

这个时候，只有鲍里斯自己知道他内心的想法，他非常纠结和难受，只不过在强装镇静。

在日常的家庭生活中，父母和孩子都会犯错误，但是一般情况下，孩子给父母道歉的次数要比父母给孩子道歉的次数多。

鲍里斯觉得，父母应该以平等的态度来对待孩子，父母有了错误而不认错，就会给孩子传达一个错误的信息，即父母无论什么时候都是正确的。

但当孩子无法清楚地意识到父母错了的时候，必然导致孩子接受父母错误的教育，形成错误的观念，导致以后的行为出现偏差。所以，父母要学会向孩子道歉。

后来，鲍里斯回忆起这件事，认为自己当时就应该向孩子道歉。他一直认为，那些为了自己的面子知错不改的父母是愚蠢的。没有想到，自己也会有那么愚蠢的时刻。

虽然想到了这些，但是当时，鲍里斯没有像孩子道歉。如果他知道，自己当时的行为会给小塞德兹带来那么大的影响，他一定会道歉的。

因为在后来很长一段时间，小塞德兹都不愿意进厨房，他也不愿意再给莱依小姐帮忙了。他每天都十分失落，不知道自己应该怎么做。

鲍里斯看到孩子这个样子，关心地问孩子："威廉，你怎么了，为什么不进厨房了？你不愿意再帮莱依小姐了吗？"

小塞德兹没有说话，只是看了父亲一眼，又把头转了过去，他心里很难受。同时，又很不服气地对父亲说："我很笨，根本帮不了莱依小姐，反而给莱依小姐添麻烦，所以，我不想过去。"

"威廉，你是不是还在因为之前爸爸说你而生气啊？"

"我怎么会生爸爸的气呢，只是认为自己很笨，所以不想给莱依小姐添乱。"小塞德兹对鲍里斯说道。

"但是，孩子，我要给你说一件事情，爸爸要跟你说对不起。"鲍里斯诚恳地对小塞德兹说道。

小塞德兹非常惊讶，从椅子上站了起来，看着鲍里斯："爸爸，你说什么，你向我说对不起，这是真的吗？为什么啊，你骂得没有错啊，我的确弄翻了那个盆子啊！"

"我并不是指你打翻盆子的行为，我只是说我对你的批评是不对的。你是聪明的，你并不笨，我那天那么批评你太过分了。"鲍里斯对孩子说道。

莎拉看到这一幕，感觉到很不解。一直绷着脸不说话的鲍里斯，为什么突然向小塞德兹道歉了？是什么原因呢？

看到妻子困惑的神情，鲍里斯解释说："我像其他父母一样，把自己定位为家里的统治者，教育孩子的时候，往往是自我批评少，借题发挥多，实在不应该。"

莎拉很高兴看到鲍里斯的这一变化，她说："你能这样想，实在是太好了！你和威廉好好谈谈吧，我不打扰了。"

说着，莎拉就走了出去。

莎拉走后，鲍里斯真诚地对小塞德兹说："威廉，我用真诚的态度来向你道歉，我原来碍于面子不情愿向你道歉，而且故意装作不在意，是我错了。"

听了鲍里斯的话，威廉感觉到父亲对他的尊重。他知道，父亲不是故意取悦和讨好他。他觉得，父亲在他心中的形象更加高大了。

鲍里斯原本也认为，向孩子道歉是很没有面子的事情，所以羞于和小塞德兹道歉，宁可坚持错误也不纠正错误。可是看到小塞德兹一点不怪自己，鲍里斯对自己原本的想法感到可笑。

小塞德兹十分高兴，他说："爸爸，你能向我道歉，我真的觉得太高兴了。这些天，我一直在责怪自己，怪自己做事不小心，让爸爸失望了。"

鲍里斯听了，心里更加愧疚了，他说："威廉，是爸爸错了，爸爸没有把你看成独立的个体，而是把你看成自己的私有财产，所以才迟迟没有道歉。"

听完鲍里斯的解释，小塞德兹心里释怀了。突然，他问道："那么，爸爸，你之前说我笨，也不是真心话吧？我很聪明，是吧？"

鲍里斯对小塞德兹说："那是当然的，孩子，你这么小就会画画、弹吉他，用这么短的时间就上完了小学和中学，你当然很聪明。

"但是，孩子你仍然有一些自己的不足之处，需要进行改进。那就是你太不自信了，你不应该随意地就被别人的话所影响，然后开始怀疑自己，这样是不好的。"鲍里斯对小塞德兹说道。

小塞德兹不知道父亲想要说什么，眼神都是疑问。

"我觉得，你是还没有学会客观的评价自己，如果你对自己有一个清醒的认识，那么假使爸爸说出了那些话，对你也不会有丝毫影响。"鲍里斯毫不客气地说道

鲍里斯知道，孩子只有客观地评价自己，了解自己的优势和劣势，才能找到自己合适的位置，在生活和学习中做到扬长避短，发挥自己最大的潜能，获得更大的发展空间。

鲍里斯一直想要帮助小塞德兹了解这个问题。现在正好是个机会，鲍里斯决定借机告诉小塞德兹自我评价的重要性。

但是，由于小塞德兹本身的身心发展特点及自身阅历的问题，对自己的认识肯定存在不恰当的地方，所以他决定帮助小塞德兹认识到这些问题。

在平时，小塞德兹经常听到别人的赞扬，很少受到批评，所以当鲍里斯否定他时，才会带来那么大影响。

"我一定要帮助他正确对待别人的批评和建议，客观认识自身的弱点和缺陷，同时也不抹杀自身的优点。"鲍里斯在心里想道。

鲍里斯继续对小塞德兹说道："孩子，我们每天都会遇到很多的人，每一个人对我们的看法都是不一样的。今天可能有人夸我们，明天可能有人骂我们，那么，难道我们就要一直消沉下去吗？"

小塞德兹问鲍里斯："那爸爸，我到底应该怎么办呀？难道我不应该听你的批评吗？应该忽视别人的建议吗？"

"我不是这个意思，"鲍里斯解释道，"你应该相信自己，不要轻易受到别人的影响，这样你才可能面对你人生中的任何挑战。只有变得自信起来，才不会那么轻易的受到别人的影响，才会做真正的自己。如果你不自信，别人的一句话可能就使你非常难过，甚至使你一直都陷入不良情绪之中，这是你喜欢的吗？"

小塞德兹对父亲说："爸爸，我知道了，我懂了。我应该变得自信起来，不应该轻易相信别人的话，我要做我自己。"

"是的，你的想法是正确的。"

"可是，爸爸，"小塞德兹仍然有些疑惑没有解决，于是继续问道，"如果下次，别人也批评我了，我该怎么做呢？"

鲍里斯想了想说："你这个问题问得很好。在面对一些事情时，我们可能会被情绪、情感等因素蒙蔽，这时候就要听听别人的建议，因为往往他人的意见是最具针对性的建议。虚心接受接受别人的意见，不仅是对别人的尊重，也是自我良好修养的体现。

"但是，你需要注意的是，不能对他人惟命是从，而要有自己的分辨能力，不能别人说什么就是什么，一点自己的主见都没有。如果确定别人的建议是对的，那就对照自身的缺点改正，这样对于未来的成长也是非常有好处的。"

小塞德兹听了鲍里斯的话后，点了点头。同时，他又想到了另外一个问题，紧接着问道："那么，我要怎么样才能客观地认识自己呢？我想，只有客观认识自己了，才能判断出别人对我的评价是对是错，我这样说对吗？"

对于小塞德兹可以提出这样的见解，鲍里斯有些吃惊。平时，他总是对小塞德兹采取鼓励教育，而忽略了挫折教育。小塞德兹能想到这一点，让鲍里斯很高兴。

于是，他高兴地回答道："做到这一点很简单，你要养成反省的习惯，要虚心接受他人的批评，要不断总结经验教训，勇敢地为自己的错误承担责任。只有这样，你才会客观地认识自己，完善自己。"

"那怎么反省呢？"小塞德兹是那种只要心中有疑问，就一定要提出来，而且一定要得到答案的孩子。所以对于这一提问，鲍里斯一点也不觉得惊讶。

他从容地答道："反省也就是内在的自我观照，看看自己所做的事、所说的话、自己的思想等是对是错，现在比以前进步了还是落后了，通过不断的自我反省来认识自己。

"反省的方式可以是单纯思考，也可以用日记记下来，通过日记的方式，达到每日反省的目的，会更加完整、全面地认识自己，同时也是个人成长的见证。"

小塞德兹听了，终于满意了，高兴地说："我懂了，我今天就开始反省，今天就开始记录反省日记。我真是太高兴了，谢谢爸爸。"

鲍里斯笑了，很高兴自己能将小塞德兹从消极的状态中拉出来，还让他学会了反省。经过这件事情，鲍里斯不愿意去轻易地说出任何批评的话，他更加注意对孩子的说话方式了。

鲍里斯认识到，孩子犯错了，并不意味着就可以不被尊重了，更不是说可以被践踏人格了。他也劝告各位父母，一定要谨记，如果孩子犯了错，同样要尊重孩子，在批评孩子时也别忘了安慰他。一个被尊重的孩子，才会更深刻地反省错误，真心悔悟，下不为例。

事实上，在这次批评事件中，鲍里斯特别痛恨自己说出了不顾及孩子内心感受的话，他认为这是自己的失责。

如果下次出现类似的事情，鲍里斯决定耐心地引导，用赏识的态度并且慎重选择恰当的语言，而不能嘲笑孩子，不能说孩子笨。

而且，在对孩子说话的语气上，鲍里斯也决定注意。因为父母对孩子说话的语气，也影响到孩子的情感。如果父母总是用批判、指责的语气命令孩子，孩子的自尊心、自信心也会被伤害，他的人格也会渐渐扭曲。

有一天，小塞德兹和格兰特尔都收到了一封信，这是一个教育机构举办的比赛，希望小朋友可以去参加。

这个邀请函上这样写道："在4月5日，我们将举办一场朗诵比赛，目的是希望小朋友可以通过参加这个比赛，增加自己的知识，开拓孩子的视野。希望孩子们可以踊跃报名参加比赛，并且获得好的成绩。"

小塞德兹收到这封信以后，十分的兴奋，他马上跑到格兰特尔的家里，希望格兰特尔也收到这封信了，这样他们就可以一起报名参赛了。

当他到达格兰特尔的家里的时候，他非常高兴，因为他看到格兰特尔正拿着邀请函在仔细地阅读。

他走上去，对格兰特尔说："我好高兴啊，我们一起参赛吧。"

"我还没有想好。"格兰特尔说道。

"为什么？多好的机会，不要再犹豫了。"

"可是，我有些胆怯，不知道怎么办。"格兰特尔对小塞德兹说道。

这时，小塞德兹对格兰特尔说道："不要胆怯，我们就是上去读一首诗，只要自己的心态保持平静，我想这件事情就很容易做到。"

"但是，我害怕丢人，害怕没有面子，我很紧张，不知道应该怎么做，当众朗读真的十分难为情。"格兰特尔说出自己心里的想法，他的胆量还是非常的小。

小塞德兹则对格兰特尔说道："格兰特尔，我们是人，不是神，肯定会犯错误的，谁都犯过错误，这就需要看我们自己怎么看待这件事情了。"

"可是，我还是害怕，害怕自己出错，也怕出丑。"

"我觉得不会有事的，你相信我吧，要不然，你自己试一下不就知道了，我们一起报名参赛。"

格兰特尔说道："真的要试吗？"

"对呀，你试一下不就知道了，我们一起报名，这样我们就可以作伴了，你也不会觉得害怕，我也不会觉得无聊了。"小塞德兹对格兰特尔说道。

格兰特尔同意了，他愿意和小塞德兹一起去，他们结伴一起去了报名的地方。

他们一走进报名的地方，看到这里全部都是人，都是来这里报名的孩子和家长，有的孩子在玩耍，有的孩子则在认真地练习自己将要朗诵的诗歌。

这个时候，小塞德兹看了一眼格兰特尔，他十分紧张，满脸都是汗珠。因为，他从来没有参加过这么大的比赛。

他对小塞德兹说道："威廉，我害怕了，我不想报名了，我想回家。"

"你说什么呢？我们已经来了，怎么可以就这样放弃了？"小塞德兹对格兰特尔说道，他不希望格兰特尔放弃。

这时，格兰特尔已经没有了信心，小塞德兹发觉了，又继续说道："我知道你很棒，为什么不让所有人都知道呢？你是因为太在意这件事情了，所以非常紧张。记住，不要紧张，就把它看成很小的事情就行了。放松点，格兰特尔。"

但是，格兰特尔仍然不说话。

"格兰特尔，你应该把握住这次机会，我们没有多少这种机会的。我知道你是非常勇敢的，也敢上战场，虽然现在不是战场，但是，也需要我们拿出勇气去面对。我们需要正确地面对这件事情，不要担心拿不到名次，这些都是小事，只要我们站上去，我们就胜利了。"

小塞德兹将父母平时给他讲的道理，告诉了格兰特尔，希望可以帮助到他，让他振作起来。小塞德兹希望可以带给格兰特尔勇气，让他可以勇于面对。

格兰特尔看了小塞德兹一眼，问："真的吗？"

小塞德兹很肯定地点点头，并且告诉格兰特尔，这是他父亲告诉他的，他一直这样鼓励自己。

格拉特尔终于恢复了信心，他对小塞德兹说道："威廉，你说得对，我不应该再这样下去，我应该拿出自己的勇气，谢谢你。"

格兰特尔最后和小塞德兹一起参加了比赛，他没有退缩，非常勇敢，他的朗诵也非常好。让所有人都惊奇的是，格兰特尔和小塞德兹竟然并列第一，这对于两个孩子来说是上天赐予的礼物，他们非常开心。

小塞德兹吸收了父亲的教育方法，也懂得了其中的道理，并且开始用这些方法帮助周围的朋友，格兰特尔就是其中一个。

塞德兹教育启示

1.父母在错误地对待孩子后，要真诚地向孩子道歉，而不能为了维持自己的面子死不认错，这样实在是降低自己的权威。

2.父母要教育孩子勇敢抓住机会，用鼓励代替批评，帮助孩子树立信心，让孩子勇敢地接受各种挑战。

让孩子在生活中开发创新思维

有一次，孩子们在一起玩战争游戏，他们分为了两组，一组负责防御，另一组负责进攻。负责防御的那一组要在沿途不断设防，并且要驻扎在河的对面，那就是他们的领地。另外一组则是进攻，他们要去河对岸占领对方的地盘。

小塞德兹和格兰特尔都在进攻这一组，小塞德兹是这一组的头目。

现在的小塞德兹已经阅读了很多关于军事策略的书籍，他知道怎样指挥能取得最后的胜利。他经过分析和思考，制定了详细的攻城策略，他认为这是万无一失的，并告诫所有的人一定要严格按照他的要求行事，不要随意更改策略，更不可以泄露计划，不然，就会遭到严厉的惩罚。

小伙伴们很惊奇地问："惩罚是怎么样的？"

小塞德兹说道："就是不让你再玩游戏了。"小伙伴们听见了这些话，便不再笑了，他们开始认真地对待这件事情，并且认真地执行小塞德兹的命令，害怕自己犯什么过错。

其实，小塞德兹的计划很简单，就是将这些人分为两队，一队人正面进攻，另外一些人则从侧面进攻，给敌人出其不意的打击。但是，从侧面进攻就必须要从格兰特尔家那边出发，最后要绕过一条河才能到达，这就是小塞德兹的方案。

所有的人都认为这个方案十分好，他们为小塞德兹鼓掌，并说会严格遵守小塞德兹的指令。

他们一起议论着："有威廉这个计划，我们会把他们一举攻破。"还有的说："我们可以直接消灭他们的头儿了。"可见，他们每一个人对这场战争都是信心满满的。

可是，令人意想不到的事情发生了，小塞德兹带着人从后面进攻，可是最后一道关口的桥却断了，他们没有办法过去，这可怎么办。

孩子们没有办法，他们不知道应该怎么办，他们看着小塞德兹，希望他可以想出办法。但是，小塞德兹也不知道怎么办，为了取得战争的胜利，小塞德兹还是下命令让所有的人都必须趟河过去。但是，这个计划实在是相当的冒险。

孩子们看了一眼湍急的小河，河水很深，他们不愿意过去。如果一定要过去，就会很危险，孩子们为了自己安全考虑都不愿意过去。

这时，格兰特尔说话了："威廉，这样十分冒险，我们应该改变策略，这样太危险了。"

其他的小朋友也议论起来，他们都不愿意冒险。

小塞德兹对大家说："我想只要大家小心点，我们就可以过去，不要太过担心，只要我们紧紧地抓住栏杆，我们就不会有事的。"

格兰特尔继续说道："威廉，你看现在河水已经涨到这么高了，实在太危险。万一我们没有抓牢，掉下去岂不是要被河水冲走了，我认为太冒险。"

小塞德兹也知道这个方法实在冒险，但是，眼看胜利就在眼前，他不愿意放弃这么好的机会，这让他相当不甘心。所以，他就算知道这十分冒险，也不愿意放弃这么好的机会。

他仔细想了想，对大家说："小伙伴们，我们不能放弃，胜利就在眼前，我们必须要攻过去。如果这是真正的战争，你们这些人都是不合格的士兵。"

但是，格兰特尔还是不同意小塞德兹的观点，他希望小塞德兹可以改变想法。可是，还没等格兰特尔说话，小塞德兹就开始针对格兰特尔，他指着格兰特尔说道："你一直都没有胆量，你就是胆小、怕事的人。"

格兰特尔十分生气，他对小塞德兹说："威廉，我们现在只是玩游戏，你为了一个游戏要让我们所有人都付出生命吗？如果我们中间真的有人遇到危险了，怎么办？难道就是为了游戏的胜利，我们所有人都要拿生命去赌吗？"

小塞德兹也意识到了事情的危险性，于是问："那我们怎么办？"

格兰特尔说道："现在我们没有其他办法，只能和另一队联合一起从正面发起攻击。"

这时，小塞德兹说道："我们不能那样，如果那样我们肯定会输的。我认为我们还应该实行原来的计划，这样才能够取得胜利。"

可是，所有的人都反对小塞德兹的意见。他们对小塞德兹说道："我们之前认同，是因为桥没有断。现在我们知道桥断了，就应该重新制定计划。"

小塞德兹像一个独裁者，不听任何人的意见，命令大家必须过河。可是，没有多少人响应小塞德兹。大多数孩子都没有上去，有的甚至决定退出游戏。小塞德兹走到了河边，他迷茫了，开始怀疑自己的决定，他不知道自己下一步要往哪里走。

鲍里斯正好看见了这一幕，他看见自己的孩子迷茫地站在河边，其他的孩子又在旁边不停地相互争论，就知道一定发生了什么事情。

这时，孩子们看见鲍里斯，他们跑上去，希望鲍里斯可以帮助他们，让小塞德兹改变自己的危险想法。

通过这次突发事件，鲍里斯认识到，自己还没有培养孩子随机应变的能力。孩子只知道按自己的计划办事，做没有想过，万一客观情况不允许，自己要如何做。

鲍里斯想，现在后悔已经来不及了。不如抓住这个机会，让小塞德兹了解到，在做计划时，要提前想出应对突发状况的方案，这也是一种智慧。

于是，鲍里斯走到小塞德兹身边，说道："孩子，你怎么可以这样固执？"

"爸爸，我觉得我是对的。"小塞德兹说道。

"你认为你拿别人的生命去冒险是对的吗？这只是一个游戏，需要冒这么大的风险吗？"鲍里斯对小塞德兹说道。

"爸爸，我只是想胜利，我除了这个方法，不知道还有什么方法可以胜利。"

"你们可以从那里进攻，就是敌人的那座桥上，因为他们的主要兵力不在那里，你们可以很容易地攻下那座桥，从那座桥进入，占领他们的领地。这样，你们不就胜利了吗？"鲍里斯说道。

所有的孩子听到这个想法都非常高兴，他们又开始了议论，并且说道："这个方法真好，我们不需要冒生命危险，就可以取得胜利，真是太好了！"

可是，鲍里斯注意到，小塞德兹并不高兴，他对父亲说："爸爸，你这样的话，我的计划不就没有用武之地了。"

鲍里斯说道："孩子，你为什么要制定计划，你是想要干什么？"

"我当然是为了战胜对方了。"

"对呀，只有这个方法可以取得最后的胜利，而且又不需要冒险，我们为什么还要坚持之前的方法呀？"鲍里斯对小塞德兹说道。

可是，小塞德兹还是不服气，对鲍里斯说："这些是书上说的，如果我们制定了作战计划，就不能轻易更改。"

听小塞德兹这么说，鲍里斯换了一种口气，他先表扬了小塞德兹："威廉，你做事有周密的计划，是一种很好的做事习惯。一个没有周密计划的孩子，在生活中就像黑夜行走，没有路线，也没有终点。你这一点做得很好。"

小塞德兹听了鲍里斯的表扬，脸色缓和了一些。

鲍里斯接着说："做任何事情前，如果都能考虑仔细，然后制定周密的计划，就会增加成功的机会。但是，计划并不是不可更改的，计划是为了更好地做事，如果因为计划耽误了事情，你说值不值呢？"

小塞德兹摇摇头，没有说话。

鲍里斯知道，要想改变小塞德兹的想法，必须趁热打铁，于是，他耐心地对小塞德兹说道："孩子，你想一下，这不是真正的战争，就算这是真正的战争，在你们刚才争吵的过程中，对方已经把你们歼灭了。其实，在真实的战争中，任何情况都可能发生，我们需要根据不同的情况，制定出不同的策略，而不可以固守一个策略，这样，是不可能取得胜利的。"

小塞德兹听后，知道是自己不对了。

鲍里斯继续说道："你们都知道拿破仑吧，曾经有一个战役，叫做滑铁卢之役，我们都知道在那次战役中拿破仑失败了。可是，你们知道最终失败的原因吗？当时，拿破仑被英军围困，他急需部队的支援。可是，后面的指挥官是一个严格按照命令行事的人，没有得到拿破仑的指示，他不会出兵，尽管他们相距仅仅20公里。

"但是，英国的领头将领却是一个非常善于分析战机的人，他知道这个时候应该上去支援英国的军队，他很果断地下了命令上去支援。这时他们距离那里还有60公里的距离，但是，因为领导者懂得分析战情，不固守指令，使得英军取得了最后的胜利。"

小塞德兹明白了，他按照父亲的战略，很快地取得战争的胜利。

这件事情，也让小塞德兹明白了，做任何事情不可以墨守成规，应该从实际出发，分析原因，找出新的突破点。

这件事情以后，鲍里斯认为，要想让孩子拥有机智的头脑，就应该在平时生活中加强锻炼他的思维能力。在遇到问题时，只有积极的开动大脑，才能想到巧妙解决问题的方法。

不仅如此，鲍里斯还发现，小塞德兹不太会处理人与人之间的关系，所以他希望能够让小塞德兹在处理事情和人际关系上都能做到圆满、圆融，把原则性和灵活性很好的结合。因为他知道，依靠刻板的思想、机械的方法是不能很好地处理问题的。

为此，鲍里斯加强了对小塞德兹思维方式的训练，经常问他各种问题，并且要求他立刻说出答案。

这样一来，小塞德兹在遇到问题时，总能在第一时间想到解决办法，而不是依赖别人帮他解决问题。

有一次，小塞德兹正在解一道数学题，这时候格兰特尔找他玩。原来他们约好了一起到兰特大街去玩。

塞德兹当时正计算到关键步骤，所以他对格兰特尔说："你等我一会好不好？我要把这道题目做出来。"

格兰特尔没有说话，点头同意了。可是让他没有想到的是，小塞德兹又继续在纸上演算了好久，还没有得出答案。

再等下去，天就要黑了，格兰特尔有些不高兴了，轻轻走过去，拍拍小塞德兹的肩说："我们出去玩吧，等回来你再算。"

小塞德兹这时才发现，自己把格兰特尔给忘了。可是，当时他的脑子里除了做题外，实在不想做其他事情了。

所以，小塞德兹感觉很为难。如果自己不和格兰特尔出去，就是失信于人。如果出去了，自己不会高兴，也会影响格兰特尔的心情。

正在这时，又有一个小伙伴戈恩来找小塞德兹玩，小塞德兹灵机一动，问戈恩："你愿意和格兰特尔一起去兰特大街玩吗？"

戈恩点头答应了。

小塞德兹又问了格兰特尔同样的问题。格兰特尔想，如果一直等下去，等到天黑也玩不了，所以也同意了。

小塞德兹很高兴，拿出自己没舍得吃的零食，分给格兰特尔和戈恩。格兰特尔和戈恩很高兴地吃着零食，去兰特大街玩儿去了。

小塞德兹知道，有时候，生活中遇到很多不如意的事情，在这样的情况下就应该想一种双方都满意的解决办法，即坚守了自己的原则，又实现了多方的利益。

后来，鲍里斯知道了这件事情，表扬了小塞德兹一番。

由于小塞德兹已经完成了中学的课程，所以，他没有去学校，更多的是在家自学。为了帮助小塞德兹更好地学习，鲍里斯尽可能完成儿子的愿望，让孩子更好地成长。

尽管没有了学校的小伙伴陪在孩子身边，但是鲍里斯想方设法地满足孩子的要求，让孩子可以感觉到自由和快乐，不感觉到孤单。

在某一天的下午，鲍里斯正在看书，小塞德兹走了过来，对鲍里斯说："爸爸，我现在有一个愿望，我想学画画，可以吗？"

鲍里斯非常赞同，他认为这是一件好事，有助于孩子的内心成长和发展，应该给予支持。

于是，鲍里斯就去商店给孩子买齐了所有画画所需要的工具，希望这些可以帮助儿子进行艺术创作。在对孩子的教育中，鲍里斯认为只要是对孩子的成长有益的，他都会满足孩子的愿望，让孩子可以尽情地享受自己的兴趣、爱好。

可是，没过几天，小塞德兹却开始愁眉不展了。他不知道小塞德兹遇见了什么困难，对画画的兴趣似乎没有那么强烈了。

于是，鲍里斯对小塞德兹说道："孩子，你怎么了，是不是不喜欢画画了？"鲍里斯看着孩子。

小塞德兹看着鲍里斯，想要说什么，却被鲍里斯打断了："孩子，没有关系的，爸爸支持你，你不喜欢画画，咱们就不画了，咱换一个吧，你告诉爸爸，你想干什么？"

这时，小塞德兹对鲍里斯说道："爸爸，你误会了，我很喜欢，只是我画的很不好，所以，我才开始愁眉不展的。"

鲍里斯听见儿子这么说，放心了，于是对小塞德兹说："哦，原来这样啊，没事的，我们需要时间才可能画出好看的画，爸爸相信你。"

鲍里斯这时候意识到自己应该帮小塞德兹找一个绘画老师，因为孩子对画画的基本常识一点都不了解，应该找个老师教授孩子绘画的常识和技巧。

于是，鲍里斯对小塞德兹说道："孩子，爸爸给你找一个老师，教你学画画，好不好？"

小塞德兹非常高兴，不停地点头。他想："如果有一个老师教我画画，那我一定能画得更好，也会学到更多绘画知识。"

可是，很长时间过去了，鲍里斯却一直没有找到合适的人选，因为鲍里斯要求绘画老师必须兼具高超的绘画技艺和优秀的道德素养。小塞德兹还是一个人在自学。

小塞德兹好奇地问鲍里斯："这么长时间了，怎么还不见老师啊？"

鲍里斯不想隐瞒孩子，他告诉了小塞德兹为什么没有找到老师。可是，小塞德兹非常想画好画，他开始难过了。

鲍里斯看见了儿子的反应，他也十分不好受，他希望孩子可以振作起来，不要被生活打败了。于是，对小塞德兹说道："孩子，你有没有想过尝试一种新的绘画方式，来表达你内心的想法呢？或许会得到意想不到的效果。"

这句话给小塞德兹极大的启发，他似乎知道自己应该怎么做了，他跑回房间，开始试着用不同的方法演绎自己内心的想法，他开始有了自己的思路。

过了一些时间，小塞德兹画出了一些画作，他叫父母进来观看，希望他们可以给他点意见。

鲍里斯和莎拉走进小塞德兹的房间，小塞德兹的画作把他们惊呆了。

小塞德兹画了一幅风景画。画上有一片非常美丽的田野，田野上是金色的麦穗，天空中漂浮着几朵白云，不远处还有一个风车屹立在那里。

小塞德兹用黄色的颜料画出了田野，但是白云却是贴上去的棉花，风车是用小木棒组成的，麦穗更是由一块块布给代替了。这真是一幅与众不同的作品，是独特的创作。

莎拉抱着小塞德兹，说道："威廉，妈妈佩服你，这真是独特的绘画方式，妈妈以你为豪。"

小塞德兹笑着说道："这没什么，我是听了爸爸的话，才这么想的，我也觉得很有新意。爸爸，你觉得怎么样？"

鲍里斯说道："孩子，你很棒，我觉得你可以想到这样的方法，非常不简单，爸爸很喜欢你这种创作手法。"

鲍里斯一直认为，创新能力是素质教育的核心，对孩子的创新能力的培养应该引起父母的重视，而且他也一直坚持这样的做法。

有一次，鲍里斯和格兰特尔的父亲谈了自己的这一想法，没想到，格兰特尔的父亲却说："你这种想法不对，创新是大人们的事，让孩子创新还不是时候，你常说我急功近利，我怎么觉得，你这一行为才是急功近利呢？"

鲍里斯摇摇头说："儿童期是培养创新意识、创新精神、创新能力的启蒙期，甚至是关键期。我们做父母的，应该是最大程度地开发、保护孩子的创造精神，营造一个适宜孩子创新的比较宽松的学习、生活环境，支持孩子的异想天开。"

格兰特尔的父亲还是不赞成鲍里斯的说法，更别说刺激格兰特尔的创新意识，培养他的创新能力了。

也是从那次对话以后，鲍里斯开始鼓励小塞德兹多向思维，引导他善于观察、敢于动手实践。同时，还经常利用节假日带小塞德兹接触各种新鲜事物。

认识事物越多，想象的基础就越宽广，就越有可能触发新的灵感，产生新的想法。所以，在看到小塞德兹富有创意的画后，鲍里斯感到很满意。

有了父亲的鼓励，小塞德更加自信了，他连续几天一直在自己的房间中忙碌着，创作了很多画作，并且一幅比一幅好看。后来，鲍里斯终于给小塞德兹找来了绘画老师，当老师看到这些作品的时候，也很震惊。

他对鲍里斯说道："博士，您的孩子真是非常优秀，他有着创造的勇气和能力，这真十分少见。而且，他拥有很好的色彩感，这是画家所必备的因素，这是十分难得的。"绘画老师对小塞德兹给予了很高的评价。

后来，这位绘画老师问鲍里斯："小塞德兹能有这么丰富的想象力，您一定付出了很多努力吧？能不能和我讲一讲其中的趣事？"

鲍里斯听了，给他讲了这样一件事情。

在小塞德兹很小的时候，就开始画画了。有一次，格兰特尔的父亲来家里做客，看到小塞德兹在画画，是圆圆的一团黑色。

格兰特尔的父亲很好奇地问："威廉，你说说看，你画的是什么东西啊？我怎么看都看不明白。"

小塞德兹大声地说："我画的是苹果，你没有见过苹果吗？"

格兰特尔的父亲笑了："这哪里是苹果啊，都说你聪明，我看还没有格兰特尔画得好……"正说着，被鲍里斯拉到了一边。

"请不要这么和孩子说，会打击孩子画画的积极性。"鲍里斯严肃地说。

"可是，你难道没有看到吗？苹果怎么会是黑色的呢？你不纠正孩子，以后他会错得更离谱，我从没有见过像你这样教育孩子的人。"

格兰特尔的父亲有些着急了，说起话来声音也很大。他继续说："格兰特尔现在也开始画画了，一开始，我就告诉他苹果是红色的，香蕉是黄色的，所以他现在画得很好。"

鲍里斯说："我不想妨碍孩子的自学过程，再说了，以后说不定真的会有黑色的苹果也说不定。至于苹果是红色还是黑色，他以后吃苹果的时候会注意到的，我不用提前告诉他这些。要是按照你说的做，只会扼杀孩子的想象力。"

说完这些，鲍里斯走到小塞德兹身边，摸了摸他的头："威廉，你画得很好，按照你心里的想法继续画吧。"

听完这个故事，绘画老师问："那么，那个名叫格兰特尔的孩子，画画怎么样呢？画得不如威廉好吧？"

鲍里斯点点头："那个孩子很早就放弃画画了，他的脑中只有实物，根本谈不上创作，除了放弃，也没有别的办法。"

绘画老师听了，点头表示赞同。

鲍里斯认为，想象力是创造力的翅膀。对于孩子富有想象力的图画、凭自己想象拼搭的东西、自编的故事等等，父母都应给予肯定和赞赏，千万不要用成人的标准去要求和评价孩子的创作。

鲍里斯一直坚持给予孩子正确的指导，让孩子在应对变化时具有勇气和能力，并且可以很好地适应社会。

格兰特尔出生在一个非常优越的家庭中。他的父亲和母亲也都受过极好的教育，有自己的教育理念，并且给孩子营造了一个优越的成长环境。他们一直没有松懈过，这孩子不到2岁的时候，就开始教孩子各种各样的知识和技能。

格兰特尔的父亲十分热爱音乐，对音乐有着极特殊的情感，他曾希望自己可以从事和音乐有关的工作。但是，由于很多事情的限制，他没有办法实现。所以，他将儿子看成自己圆梦的希望，从小就让格兰特尔学习各种乐器，希望孩子可以成为真正的音乐才子。

对于格兰特尔的音乐教育，他的父亲十分重视，给他请了非常优秀的音乐老师，帮助格兰特尔学习钢琴。

可是，格兰特尔就像天生拒抗音乐一样，他对这些没有任何感觉。尽管经过了很长时间的学习，但格兰特尔还是没有任何长进，弹一首完整曲子都相当不易。

但是，他的父亲并没有气馁，还是让格兰特尔继续学习音乐。

当老师都觉得格兰特尔学习音乐没有什么希望的时候，格兰特尔的父亲都要让他继续下去，必须要让孩子在音乐的道路上有所成就。

后来，鲍里斯听说了这件事情，就却劝告格兰特尔的父亲："培养孩子的特长，本身并没有什么错。但是如果你强迫孩子练琴，那么练琴对于孩子来说，便是一种痛苦不堪的回忆。"

听了这话，格兰特尔的父亲有些不高兴了："要是照你这么说，我想让孩子从小掌握一技之长，反倒是我的不对了？"

鲍里斯听出来，格兰特尔的父亲话中带刺，他笑着说："你这么做当然是为了孩子好，可是，你喜欢音乐，不代表着孩子就有音乐天赋。有些孩子天生就对语言、文字充满兴趣，而有些孩子天生就喜欢拆拆卸卸，有些孩子天生就喜欢热闹……

不等鲍里斯说完，格兰特尔的父亲就反问道："你怎么知道格兰特尔没有音乐天赋？你太武断了吧？"

鲍里斯说："我不是这个意思，我的意思是说，孩子的天性难以通过人力来改变，在培养孩子特长的时候，应该根据孩子的天赋，为他们选择适合的特长项目。就算格兰特尔有音乐天赋，你也要注意方法。"

这句话一说出来，格兰特尔的父亲不说话了，或许他自己也早已认识到了，自己在教孩子学音乐这件事情上，确实存在方法问题。

"你想让格兰特尔学琴，这没有错，但你不能剥夺孩子的休闲时间，这种做法，往往使得孩子对音乐产生厌烦，你的特长培养计划也会无疾而终。"鲍里斯最后劝道。

"你不要杞人忧天了，我自己的儿子，我会好好教育的，不用你操心。"格兰特尔的父亲没有听进去鲍里斯的话，转身又去催促孩子练琴。

鲍里斯能理解他的心情，可是他这样忽略孩子的正常需求以及学习的基本规律，迟早会付出代价。

问题很快出现了。

有一次，在一个家庭聚会中，大家想让格兰特尔上台弹一个小段子。

因为，所有的人都知道格兰特尔的父亲在音乐上有很高的造诣，并且格兰特尔一直都在学习钢琴，所以，非常想听格兰特尔弹奏一曲。

但是，这似乎是格兰特尔最怕的，因为他弹得真的不好，他的父亲也知道孩子不可能弹好。只是大家都这么说，不好意思不让孩子演奏。

为了满足大家的要求，格兰特尔的父亲对他说道："孩子，你就上去演奏吧，不要害怕，只要发挥平时的水平就可以了。"

但是，格兰特尔十分不愿意上去，老师也对格兰特尔说道："孩子，没事的，不要害怕，你就演奏我们刚刚学的那个就可以的，相信自己是最棒的，不要害怕，你很优秀。"

格兰特尔终于可以说服自己，走上了台前，去演奏一曲。

这个时候，全场都安静了下来，格兰特尔害怕了，他感觉到所有的人似乎都在看他的笑话，他的心无法平静下来，更加没有办法演奏好一首曲子。

过了很长时间，格兰特尔才让自己平静下来，但是，还没弹奏多长时间，格兰特尔再也弹不下去了。

他哭着跑回了自己的房间，他的心里非常难受。

这个时候，格兰特尔的父亲也去了他的房间。他没有给格兰特尔关心和慰藉，而是，一进门就开始谩骂。他对格兰特尔说道："你怎么那么无能，教了你那么长时间，你连一首曲子都弹不好，你太让我失望了！今天我的面子都被你丢光了，以后还怎么面对别人。"

就在这个时候，外面传来一阵声音，另一个小女孩要上台演奏。所有人都表示欢迎。

这是一个客人的孩子，格兰特尔的父亲也想听一下这个小女孩弹得怎么样，他们没有说话，而是在房间里静静地倾听。让人非常意外，这个孩子只有4岁，但是她的钢琴却弹得十分不错，这样格兰特尔的父亲更加羞愧难当。

"你真是没有用，一个4岁的孩子都弹得这么好，可你呢？"格兰特尔的父亲大声嚷道。

就是因为这件事情，格兰特尔再也不愿意接触与音乐有关的一切事物。

同时，以前活泼的格兰特尔也变得不再多言，他的性格越来越趋于内向，不愿意表露自己的心声。

通过这件事情，鲍里斯更加坚信自己对小塞德兹教育的正确性。他从来不向小塞德兹强加任何自己的喜好，完全让小塞德兹自由选择自己的兴趣，这样在学习的过程中，孩子就会有很强的兴趣，指引着他不断地学习。

鲍里斯认为，教育孩子时，父母应该多花点心思来全面了解孩子，而不是人云亦云，看到别人家的孩子学什么，自己也把孩子送去学什么。

所以，他让小塞德兹广泛接触各类特长活动，在接触的过程中，他从来不提出什么期望或者要求，而是抱着让孩子去玩的态度。

在广泛的接触后，鲍里斯便知道了小塞德兹对什么感兴趣，这个时候，鲍里斯才会结合孩子的兴趣，引导他强化这类特长。

塞德兹教育启示

1.父母要教育孩子，做任何事情都不可以墨守成规，应该从实际出发，分析原因，找出新的突破点。

2.父母不要向孩子强加任何自己的喜好，要让孩子自己选择，父母只需要适时给予引导，让孩子带着兴趣学习即可。

教孩子分辨是非对错

小塞德兹已经在家学习了很长的时间，他也到了该进入大学学习的时间了。这是他在家的最后一段时间了，在这期间，小塞德兹懂得了很多东西，并且也学会了很多事情。

这段时间，小塞德兹除了在家自学，就是找格兰特尔一起玩儿，他很喜欢和格兰特尔在一起。

有一天，他们的朋友莱恩斯过生日，小塞德兹和格兰特尔一起高高兴兴地去参加生日聚会。可是，让所有人意外的是，小塞德兹和格兰特尔竟然非常悲伤地回到了家中。

鲍里斯看着孩子们，问道："发生了什么事情？"但是，孩子似乎还没有从悲伤中走出来，没有听见鲍里斯的话。

莎拉抓住小塞德兹，对他说："你们怎么了？告诉妈妈，你们到底怎么了？怎么成这个样子了？"

小塞德兹告诉妈妈："妈妈，我们的聚会非常开心，但是，我们回来的时候，遇到不开心的事情，我们非常不好受。"

鲍里斯说道："威廉，你们遇到了什么事情，可以给爸爸说说吗？是什么事情呢？"鲍里斯笑着看着孩子，还以为孩子们又在恶作剧。

可是，小塞德兹和格兰特尔非常不高兴，告诉鲍里斯："刚才有一个人告诉我们，世界马上就要灭亡了。"

"什么？你们听谁说的？我怎么不知道？"鲍里斯说道。

他们的表情非常的悲伤，并且没有任何快乐的意思，这让鲍里斯感觉到不安。

格兰特尔对鲍里斯说道："先生，这是一个巫师告诉我们的，他非常厉害。"

小塞德兹也说道："是的，爸爸，这是真的。"

莎拉听了他们的讲述忍不住笑了，因为，她知道孩子被骗了。

格兰特尔好像知道莎拉为什么会笑，不等她开口，便说道："夫人，他真的很有本事，我们没有被骗。"

"是的，妈妈，他很厉害的。"

鲍里斯对孩子说道："告诉爸爸，你们在哪里遇见的？"

小塞德兹对父亲说道："我们就在兰特大街那里遇到了那个人，他非常厉害，可以预知未来。"

鲍里斯知道这件事情已经对孩子们造成了极其恶劣的影响，他让小塞德兹详细地给他们讲述一下和那个人遇见的经过。

小塞德兹和格兰特尔去参加朋友的聚会，他们十分开心。因为，在聚会上，他们吃到了很多美味的事物，而且还有很多曾经的朋友都去参加聚会了。

在回来的路上，小塞德兹和格兰特尔一直在谈论宴会上的事情，不时发出笑声。他们还想象着自己的生日怎么过，他们都希望可以办一场这样的生日宴会，并为此详细地计划着，相当开心。

但是，就在这个时候，有种讽刺的声音传了过来，他们看见一个人，他的衣服十分怪异，一直看着他们，让人有种恐怖的感觉。格兰特尔和小塞德兹都十分恐慌，他们觉得这个人非常奇怪，也想知道他笑什么。

格兰特尔和小塞德兹在相互嘀咕着："他有点奇怪，为什么发出这么惊悚的笑声啊？"

这时，那个人又开口了，他对小塞德兹和格兰特尔说："我就是在笑你们两个人，你们真是天真可笑，世界马上就要灭亡了，你们还在计划来年的生日，你们当然可笑，我当然应该笑你们的行为。"他的话是那样的恐怖，让两个孩子瞬间失去了笑容。

小塞德兹继续问道："世界怎么会灭亡？我不信，怎么可能？"

那个人继续说道："我没有骗你，世界马上就会消失，所有的人都不会存活，你们又怎么可能会过什么生日呢？所以，我笑你们的无知和荒谬，你们真是俗人。"

这时，小塞德兹说道："我们不理你，你说得不对，我们不想理你。"

那个人没有说话，而是拿出了一个蜡烛，这根蜡烛没有点燃，但是，他只是轻轻地吹了一口气，那个蜡烛就燃烧了。这样，小塞德兹和格兰特尔十分惊讶。

他们对那个人说道："你怎么做到的？"显然，两个孩子已经被这个法术给惊呆了。

"现在，你们相信我了吧，我不是凡人。"

"你真是太厉害了，你会魔法。"格兰特尔说道。

"对啊，我是伟大的巫师，我可以了解甚至预知很多事情，你们现在相信了吗？"那个人说道。

他们开始相信这个人的话，并且不再有任何的怀疑，他们开始静静地聆听那个人的话语。那个人告诉了孩子们很多关于地球即将消失的言论，并告诉孩子赶快行动起来，做好准备。

格兰特尔和小塞德兹一下子觉得自己活得没有丝毫意义了，他们开始难过了，不知道自己的未来还有什么意义，他们也开心不起来了。

鲍里斯非常生气，他希望马上找到这个人，揭穿这个骗子。他们马上去了兰特大街，但是，他们并没有发现那个人，鲍里斯只能带着孩子返回家中。

但是，鲍里斯知道这已经对孩子们产生了极坏的影响，于是，他让孩子们安静地坐会儿，将这个事情再仔细地想一下。

鲍里斯对孩子们说道："孩子们，不要难过，这个人不是好人，他欺骗了你们。"

"但是，爸爸，我们真的亲眼看见了，他很厉害的，可以很轻而易举地就将蜡烛点着，十分了不起。"

鲍里斯对孩子们说："以前，你们不是也看过这些吗？你们忘记了吗？魔术啊，按照你们的说法，魔术师全部都是巫师了。"

小塞德兹似乎明白了什么，他想了想说："爸爸说的对，魔术师也会这样的戏法。"

然后，鲍里斯又给孩子们讲解了很多知识，有的是关于这个宇宙的，有的是关于魔术的。在鲍里斯的讲解下，两个孩子终于明白了，那个人是个骗子，脸上又恢复了笑容。

他们知道自己错了，不该相信那个人，他们开始埋怨自己，觉得自己真是无知。但是，随后他们又高兴起来，他们开始期待着明年的生日，笑容又重新回来了。鲍里斯和莎拉看到孩子们这个样子，也放心了。

鲍里斯认为，主见是男孩独立性的体现。他希望小塞德兹遇事能有自己的看法，不人云亦云。

所以在接下来的日子里，鲍里斯对小塞德兹加强了这方面的训练。小塞德兹的衣、食、住、行之类的事，鲍里斯开始让他自己做主。

而且，对于小塞德兹的一些提问，鲍里斯也不会立即回答，而是要求他自己动脑筋，想一想是什么原因。经过思考，小塞德兹也能给出一个答案。

通过这件事情和这些训练以后，小塞德兹和格兰特尔变得有主见起来，他们不再轻易相信别人的话。但是，他们特别喜欢在街道上玩耍，特别是安迪斯大街，因为那里非常的热闹和繁华。在那里，孩子们可以遇到很多小伙伴，还有许多精彩的演出。

有一天，小塞德兹和格兰特尔写完作业以后，又一起出来玩儿了。他们在安迪斯街上逛着，看着周围的漂亮物品，十分开心，他们看了很长时间，忘记了回家的时间。

可是，就在这个时候，有几个孩子出现在他们面前，挡住了他们的去路，他们不知道应该怎么办。

这时候，另一个孩子对格兰特尔说道："你对我的弟弟做了什么？"

格兰特尔十分惊奇，因为他根本就不知道发生了什么事情："对不起，我根本不认识他啊，更不会欺负他。"

但是，这时候那个小孩子说话了："刚才就是你撞倒我了，你还不认账。"

小塞德兹试着回忆之前的情景，突然，发现自己刚才和格兰特尔跑得时候，好像是碰到一个孩子，可是，仅仅是很轻微地身体接触，他没有想到这样也会引来麻烦，真是让他无法想象。

但是，事情已经变成了这样，就只能道歉了。于是，小塞德兹对那个孩子说："我想起来了，刚才我们真的碰到了你，这是我们的不对，非常抱歉，对不起，请原谅我们的行为。"

这时，这些小孩似乎并不想这么简单就把事情解决了，他们说道："光道歉不行，我们兄弟受伤了，你们必须赔钱，否则我们决不罢休。"

小塞德兹说道："我们只是轻微地身体接触，根本没有对他造成任何损失，我们不赔。"

但是，那帮孩子似乎并不罢休："如果你们不赔我这个兄弟，你们今天休想离开这里。"

格兰特尔这时候已经吓坏了，他把手伸向自己的口袋，准备拿钱给他们，但是，小塞德兹坚决不同意。

小塞德兹对那个孩子说："我们不会给的，你死心吧。"

小塞德兹的这句话，让那个大孩子非常生气，他开始和小塞德兹打了起来。很快地，格兰特尔也加入了战争，他们这时候已经扭成了一团。

那个孩子拿着个长棍子准备打小塞德兹的时候，被小塞德兹用瓶子狠狠地砸向了头部，他疼痛地叫了起来。小塞德兹拉上格兰特尔马上朝家的方向跑去了，他们终于摆脱了那帮小孩。

他们一路小跑回到了家，小塞德兹将这件事原原本本地告诉了鲍里斯。

鲍里斯对孩子说道："威廉，你的行为非常勇敢，爸爸为你感到骄傲。但是，我们必须明白，以后不可以用瓶子砸人，这对人的伤害太大。"

鲍里斯认为，孩子的每一次错误也就是一次失败的体验，他要宽容孩子的错误，及时帮孩子找出问题的原因所在，所以，他才会不顾小塞德兹此刻的心情，直言相告。

小塞德兹对父亲说道："爸爸，我知道，但是当时我真的没有其他选择，我必须这么做。可是现在我已经感觉到了难受，我不应该那么做。"

鲍里斯对孩子说道："威廉，你不用过分地责备自己，这些都是我们无法预料的。而且，是那个孩子先惹你们的，你们也不愿意找事，这一切都是我们无法预料的。"

但是，小塞德兹似乎无法从难过的状态中恢复过来。

鲍里斯对孩子说道："威廉，我们不应该这样，这是没有任何作用的，我们现在需要的是承担，既然这个事情已经没有任何办法挽回了，我们就要让自己正视这件事情。"

这个事情对孩子产生了极大的影响，小塞德兹明白了对于任何事情，都应该拿出自己的勇气去承担，而不是逃避和后悔，这些都没有任何作用和效果。

在生活中，每个人都会犯错误，但不是所有的人都会为自己的行为负责。所以鲍里斯教育小塞德兹，要勇敢地为自己的过失负责，并督促他树立起强烈的责任感。

孩子犯错误之后，能不能够去主动承担，也是孩子是否具备责任心的重要体现。鲍里斯不怕小塞德兹犯错，他相信通过这些错误，小塞德兹会成为勇于承担的人。

经过那件事情以后，如果鲍里斯一直对小塞德兹说，不要再和别人打架了，这样不利于孩子的成长。他希望孩子不要走入歧途。

可是，生活永远喜欢跟人开玩笑。因为没过多长时间，小塞德兹又打架了，而且还是和上一次的那几个孩子。

不同的是，这一次那几个孩子并没有挑衅小塞德兹，而是小塞德兹主动要和人家发生争执，这让鲍里斯有些想不通。

因为，周末小塞德兹和格兰特尔两家要去郊外，所以，两个孩子就来街上买一些郊游用品和工具。

他们非常开心，一路上有说有笑，议论着周末的事情。但是，这个时候，格兰特尔愣住了，他看到了一个让自己十分害怕的人。

小塞德兹问格兰特尔："发生什么事情了？"

格兰特尔并没有回答小塞德兹的问题，而是目不转睛地看着远方，这时，小塞德兹顺着格兰特尔看的方向看过去，发现前面有几个人，正是上一次和他们打架的那几个人。

格兰特尔希望远离他们，不要从那里走。但是，小塞德兹并不害怕，他也不希望避开他们，因为那样必须绕路，他们要花更多的时间才能回到家。

就这样，他们还是按照原来的路线前进，格兰特尔跟在小塞德兹的后面。他们一步一步地靠近那些孩子，格兰特尔十分害怕，但是，小塞德兹却不害怕，一直瞪着那些孩子们。

神奇的是，他们并没有为难小塞德兹和格兰特尔，相反，还冲着他们露出了笑容，格兰特尔简直惊呆了。

小塞德兹也认为不可思议，他想看看他们究竟在干什么。

小塞德兹看见了，原来，那几个孩子又在办坏事，他们又在讹诈另外两个孩子。

他们听见那些孩子对那两个孩子说道，要求他们赔偿，要不然就要打他们，小塞德兹实在看不下去了，想上前帮助他们。

这两个孩子已经傻了，他们不知道怎么办，想掏出钱把这件事情解决了。就在这个时候，小塞德兹冲了上去，并且阻止了他们的行为。

小塞德兹说道："不要怕他们，他们就是欺软怕硬。"小塞德兹的出现让所有的人都非常的诧异。

但是，那些孩子并没有因此而退缩，他们对小塞德兹说："你真的想找事啊，不想过好日子是吗？"

小塞德兹则说道："你觉得我怕吗？我才不会怕你呢。"

就这样，七个孩子打在了一起，可是，周围没有一个人上前阻止，最后，警察将他们都带进了警察局，这才将他们分开。

鲍里斯接到了警察局的电话，让他来警察局接他的孩子。他马上去警察局，令人惊讶的是，所有的人都向他表示祝贺，还给他一个徽章。原来小塞德兹为了正义挺身而出，救了两个孩子。

鲍里斯看见了小塞德兹，他浑身都是鲜血，但是却很开心。鲍里斯看见孩子这幅模样非常难受，但是，他的心里还是为孩子感到骄傲和自豪。

小塞德兹问父亲："爸爸，我又打架了，你不会责怪我吧？"鲍里斯激动地看着孩子："好样的，孩子。"

事后，鲍里斯对小塞德兹说："事实上，你虽然是见义勇为，是为了帮助别人才打架的，这是勇敢的行为。但是，爸爸仍然觉得，在这件事情的处理上，你也有错。"

"爸爸，你说得对，这件事我确实做得不对。"小塞德兹虽然感觉有点委屈，但还是很坦然地承认了自己的错误。

鲍里斯有些心疼，但是，他知道，自己不能因为心疼孩子，就一味地不讲原则地帮孩子说话，帮他摆平所有的事，这是帮孩子逃避责任，也会让孩子无法认识错误。

鲍里斯一直十分注重孩子对于是非对错的培养，他一直告诉孩子："世界并不是美好的，有很多我们不喜欢的坏人以及坏的事情，我们需要正确地分析每一件事情的好坏对错。"

有一次，小塞德兹和格兰特尔在没有经过大人同意的情况下，私自去了野外。这件事情，鲍里斯想起来都有些后怕，他真的很生气，尽管孩子们最后脱离了危险。

小塞德兹和格兰特尔来到了郊外，小塞德兹看着美丽的风景，一直不停地感慨这里真是漂亮。

格兰特尔接着说道："你说的真对，这里很漂亮。我想起了爸爸说的，世界真的非常漂亮，所以我们不应该悲观，我们应该开心地过每一天。"

可是，小塞德兹却不这么认为："格兰特尔，现在的风景是很好，但是，在美丽的背后有很多危险，我们应该时刻保持警惕，才能让自己不受到那些危险的伤害。"

"这是你爸爸告诉你的吗？有那么恐怖吗？"格兰特尔说道。

小塞德兹继续说道："世界不是童话王国，这里面一直有很多很不好的事情和不好的人，所以我们应该警惕起来。"

格兰特尔对这些话十分的感兴趣，继续追问道："你可以再给我说说你爸爸的话吗？"

"当然，我爸爸告诉我，无论是什么事情，我们都应该认真地分析，这样我们就不会轻易地上当了。"

可是，格兰特尔还是不理解，继续说道："我用美好的心态看待世界，帮助别人，为什么我会受伤呢？我这样对待别人，别人也应该这样对待我啊！"

就在两个孩子说得正高兴的时候，突然一个声音出现了，他对两个孩子说道："孩子们，我可以跟你们说话吗？"

小塞德兹和格兰特尔还是十分的疑惑，他们不知道这是谁，还没有等他们反应过来的时候，这个男人又说话了："你们不欢迎我吗？我只是想和你们说会儿话而已。"

这个男人看着两个孩子，继续说道。两个孩子看了他半天，他的样子很慈祥，格兰特尔认为他是一个好人。

于是，格兰特尔对他说道："先生，不好意思，刚才失礼了，我们俩个人在说对世界应该抱以什么态度，是应该积极地看待，还是谨慎的看待。我们两个人观点不一样。"

那个男人笑了，他告诉格兰特尔，他的想法是对的。

但是，小塞德兹对于这个男人却充满了敌意，他不喜欢和这个男人说话，也不愿意理他。

这个男人看着小塞德兹说道："孩子，你为什么那么悲观啊？你应该想一下这个世界是非常美好的。我还知道另外一个地方，那里的景色更加漂亮，你们愿意和我去看看吗？"

格兰特尔非常兴奋，说着就要和那个男人一起走，他很想看那个地方，想和那个人一起去。

这个时候，小塞德兹终于说话了："对不起，先生，我们出来很长时间了，父母会着急的，我们要回家。"小塞德兹拉着格兰特尔的手，就要往家的方向走。

但是，格兰特尔却说："威廉，我还不想回呢？我想去看那个地方。"

小塞德兹对格兰特尔说道："格兰特尔，我们必须要走，我们不能和那个男人去看风景，父母会着急的。"

可是，格兰特尔仍然不愿意回去，他要和那个男人去看美丽的风景。

那个男人知道小塞德兹不可能去了，他继续对格兰特尔说道："那里非常的美，你绝对不会后悔的，因为那里的风景真的非常漂亮，你这一辈子都不可能见过那么漂亮的风景。"

但是，小塞德兹还是不相信他，他一直拉着格兰特尔的手，希望他可以跟自己回家。那个男人已经生气了，他一下把小塞德兹推到一边，抱起格兰特尔就走。小塞德兹看清了这个男人的真面目，他对那个男人吼道："坏人，把我朋友放下。"

那个男人再一次把小塞德兹推到一边，要逃跑。就在这个时候，小塞德兹看见不远处有人走过，就大声喊道："救命，这有坏蛋要抓我朋友。"

那个男人吓到了，看见有人往这边跑，他把孩子放下，瞬间溜得不见踪影。

格兰特尔吓坏了，小塞德兹和格兰特尔在一个好心人的帮助下，回到了自己父母身边。

小塞德兹回到家后，鲍里斯告诉他："以后再出去玩，一定要让爸爸或妈妈知道，而且不要再到那么偏僻的地方去玩了，实在太危险。"

有了差点被人抓走的教训后，小塞德兹也知道自己错了，他说："爸爸，我知道自己错了，以后会小心的。"

鲍里斯并没有就此结束，因为这个问题太重要了，他继续问："如果下次遇到其他危险，你知道怎么保护自己吗？"

事实上经过这件事情后，鲍里斯意识到在自我保护上对孩子的教育还很不充足，想要利用这次机会好好教育一下小塞德兹。

看到小塞德兹摇摇头，鲍里斯说："自我保护能力是我们在社会中保证自己生命最基本的能力之一。为了能安全健康地成长，你一定要学会自我保护。"

说完这些，鲍里斯开始向小塞德兹讲述各种各样的安全常识，还告诉他在遇到一些危险问题后要怎么办。

鲍里斯相信，只有让孩子多了解生活中会遇到的各种困难，在碰到问题时，孩子才会用正确的方式来应对。毕竟，父母不可能永远陪在孩子身边，也不能不让孩子接触社会。

塞德兹教育启示

1.父母要教育孩子，不要轻易相信别人的话。世界并不是美好的，要让孩子学会正确地分析每一件事情的好坏对错。

2.在面对困难和挫折时，父母要让孩子拿出自己的勇气出承担，而不是逃避和后悔，这些都没有任何作用和效果。

早期教育带来辉煌成就

　　小塞德兹很早的时候就已经通过了大学的入学考试，但是，由于年龄没有达到最低入学年限。所以他被麻省理工和哈佛都拒之门外。现在，他已经达到了大学的最低入学年龄，终于进入了他心仪的大学。

　　小塞德兹进入大学的消息，上了当时报纸的头版。很多人都在感慨小塞德兹11岁的年龄就可以进入哈佛，实在是让人钦佩不已。小塞德兹这时掌握的知识的广泛性和丰富程度，令很多大学生都望而却步。

　　但是，还有一件更令人震惊的事件。这是1910年1月，整个哈佛都披上了白衣，雪一直没有停止，整个校园是那么的安静，就在这一天，小塞德兹要在哈佛举办自己的人生第一次讲座，很多人都慕名而来，想听一下这位神童究竟有什么绝妙的言论。

　　讲座的举行地只能容下100多人，很多人都无法进来听这场讲座。当讲座还没有开始的时候，已经有很多人进入会场了，他们都想目睹这个小神童的风采。在这些来听讲座的人中，就有维纳，他在未来提出了控制论的理念，是非常有名的科学家。

　　就在大家议论纷纷的时候，小塞德兹出场了，他看起来非常幼小，还穿着灯芯绒制的短裤。这是他的第一次讲座，他的心里十分紧张，也有些惊慌。

讲座开始，可能由于害怕，小塞德兹的声音很小，很多人都听不清他在说什么。值得一提的是，这里的所有人都是数学领域的专家和学者，也有一些数学专业的研究生，还有很多其他学校的学生和老师。

渐渐地，随着讲座的深入，小塞德兹逐渐地放开了自己，声音也变得洪亮起来。他所讲的是数学领域的"思维体"，很多知识渊博的数学学者到后面都很难跟上小塞德兹的思维模式。

在讲座结束后，有半个小时的提问时间，很多教授都向小塞德兹提出了各种各样的问题，小塞德兹也都很好地回答了这些问题，这让所有的教授都为之惊叹。

维纳教授曾经这样说过："小塞德兹的那场讲座真的让我毕生难忘，他讲得那些数学问题是研一甚至研二的学生才会接触的，小塞德兹才仅仅是一个11岁的孩子，他竟然可以解释这么深奥的问题，真是让人钦佩。"

当时，还有很多其他学校的老师，其中一位是来自麻省理工的教授丹尼尔·斯托克，他曾经这样向记者说道："小塞德兹是一个天才，他并不是把一些已知的知识灌输进入大脑，而是在进行探索，这是非常重要的学术精神，小塞德兹可以和高斯相提并论。我相信小塞德兹未来一定会非常伟大的成就，他会成为一个非常优秀科学家。"

在12岁的时候，小塞德兹开始学习大二的课程，但是，小塞德兹的兴趣十分广泛，他经常喜欢去听其他专业的课，有时候甚至会去听研究生的课程，他的博学在学校非常有名。

小塞德兹在语言方面有高的天赋，他很喜欢希腊语，所以，他经常去听古典语言课程。

有一次，老师在讲《伊利亚特》，他给每一个学生都发了一个译本，希望可以帮助学生们学习这部作品。但是，小塞德兹却发现其中一个地方出现了错误，便不受控制地站了起来。

所有的人都看着小塞德兹，教授对小塞德兹说道："怎么了，威廉？"

这时，小塞德兹对教授说道："老师，我发现这里有一处错误。"教授十分诧异，因为，他本身十分精通希腊语，他并没有发现错误所在。

这时，小塞德兹说道："老师，是这个译本的问题。"这让教授更加惊讶了，他难以想象这么小的孩子会希腊语。

正在大家非常诧异的时候，小塞德兹开始将希腊语的原文当着大家的面背诵出来，并且用英语又重新说了一遍。经过仔细分析，教授发现自己真的出错了，他自己都没有注意到这个细节。

从那以后，在语言课上就会出现小塞德兹的身影，这是他的兴趣所在。小塞德兹在语言和文学上都有着很高的造诣，对于小塞德兹而言，阅读很有哲理的书籍就像很多孩子读小说一样容易，他丝毫不觉得困难，反而十分容易和轻松。

同时，小塞德兹还接触了神学、历史等其他课程，还用业余时间研究美国政治和宪法，学习了很多知识。

在哈佛，几乎没有人不知道小塞德兹这个人，很多人都十分佩服小塞德兹。在上学的过程中，小塞德兹还写过两本拉丁语和希腊语的语法书。

小塞德兹的妹妹海伦娜曾经这样评论自己的哥哥："我知道爸爸懂得27种语言，但是哥哥真是非常了不起，我都不知道他会多少语言，他真的很神奇，几乎一天的时间，哥哥就可以学一种语言。"

1914年，小塞德兹大学毕业了，他获得了学士学位。但是，过了两年，小塞德兹开始读博士，他又回到哈佛大学，这在当时就是一个奇迹。

塞德兹教育启示

1.父母在教孩子学习知识时，不要对孩子一味地灌输知识，而是要鼓励孩子对知识进行探索，建立自己的思想体系。

2.父母要培养孩子广泛的兴趣爱好，并且鼓励孩子发展自己的兴趣爱好，让他们发掘自己优于他人的特长。

3.孩子完成学习任务后，父母可以与孩子同看一本书，和孩子探讨书中的科学知识、有意思的人文趣事，让孩子知道，通过看书可以了解许多的知识和奥秘。可以在家里为孩子开辟专用书架，经常带孩子去书店买书。

后　续

　　我已经讲述完了我的教育观点、孩子的成长过程和我对孩子的教育方式。但是，很多人会对我的教育理念产生怀疑，他们认为我的教育理念不适合孩子的发展，甚至会对孩子造成伤害。

　　但是，我想跟大家说的是，现在学校的教育模式才是孩子成长的最大障碍，最不利于孩子的成长和发育。

　　还有一些家长认为孩子一直用脑就会伤害他们的大脑。所以，家长不愿意让孩子学习太长的时间，希望孩子可以健康的成长。

　　但是，从事多年神经学的研究，我可以告诉大家，如果孩子是因为自己的兴趣而学习，那么，孩子的大脑不会有任何损失。但是，如果孩子是被迫进行学习，这必将对孩子的大脑造成巨大影响。

　　在应该让孩子开始教育的时候，我们总是以各种理由推迟孩子的教育，就这样浪费孩子的能力。

　　可是，当孩子没有这种能力的时候，我们却要求孩子学习各种各样的知识，这是不合理的。

　　正是因为我们这样的行为，才使得我们孩子的大脑出现损伤，这都是我们自己造成的。

我在书中讲到了我所信奉的教育方法，如果大家可以按照我的方法去教育孩子，那么我相信你将会看到一个非常不一样的孩子。

如果从3岁开始，家长就开始注意孩子的教育，那么，孩子会在以后的生活中形成自己的学习方式。同时，也有利于孩子的各个方面的成长和发育。

这些都是我自己的认知，同时也是通过大量实践经验的验证所获得的知识。所以，我相信这些教育理念可以帮助我们开发孩子的潜能，将他们培养成真正的天才。

这并不是一件非常困难的事情，只要我们愿意付出努力，我们就可以做到。

如果我们的孩子可以在小学的时候拥有和大学生一般的知识储备，那又会怎么样？很多人会觉得这是多么不可思议，但是，我不这么认为。

我认为，只要每一个孩子都充分发挥自己的潜力，这是可以做到的，并且可以做得更好。

只要我们对孩子有信心，愿意去帮助孩子，培养孩子的智力，这一切都是可以实现的。

但是，我想说明的是，我并不是说孩子的学习一定要好，这不是我注重的方面。

我更关心的是孩子的潜能，如果我们可以让孩子真正地发掘自己的潜能，那么，孩子就会得到很好的成长。我真的不愿意看到那些很有潜能的孩子，因为教育制度而变得平庸。

我不得不再提我的孩子，小塞德兹就是因为我对他进行了早期教育，所有才可以有那么辉煌的人生，才在长大以后学习东西都特别快。所以，我希望父母可以对孩子开展早期教育。

同时，小塞德兹的身体也十分健康，并没有患任何的大脑疾病，身体的其他机能也很完善，没有出现任何异样。他跟别的孩子没有任何差异，也没有失去任何童年的欢乐，这就是我所主张的教育理念。

由此我们可以知道，早期教育对孩子的成长是极为关键的，我们应该让孩子进行早期教育，不应该到了入学的时候，才让孩子接受教育，这样不利于孩子的成长。

弗朗西斯科·凯尔顿斯曾经这样描述过人类所具有的能力，他认为我们现代人和古希腊人之间的差距就相当于非洲人和我们的差距。

这是一种错误的说法，但是，我们没有办法来证明我们真的就优于古希腊人。

我想说这种观点是不正确的，人类的能力是无限的，我们不可以定论人类的能力。现代人优越，更多的是因为我们的教育，教育才是社会发展和人类进步的根本，也从根本上决定了我们的人生和社会发展的方向。

所以，我们应该重视教育，教育对我们所起的作用是任何事物都无法代替的。

之于这样的想法，我才写这本书，我希望看到这本书的读者，可以认真考虑这些事情，你们到底希望自己的孩子将来如何发展，要尽早明确这一点，才能开展教育。

我有一个问题需要向大家解释一下，我文中一个提到一个人，他一直跟我探讨孩子的教育问题，这是真实存在的。但是，我并没有用真实的名字，因为怕对自己的朋友产生不利的影响，所以我才没有说出他的名字，希望大家可以理解。

我还要解释一下，关于格兰特尔父子，他们是真实存在的，但是我没有用他们的真名。

同时，在写作的过程中，我故意在他们的身上添加了一些平庸的色彩，这都是为了让大家可以明白我的教育理念，并不是要伤害我的朋友。如果我的言语真的使我的朋友感到难过，我在这里向我的朋友道歉。

另外，还有一些真实发生过的事情，只不过我将他们放在了格兰特尔父子身上，希望大家可以理解，这仅仅是一种写作的方法，并不是要对我的朋友进行攻击。

希望我的朋友可以理解我，并且在最后，向我的朋友进行道歉，希望他们可以原谅我这样的行为，也希望这本书不会对他们的生活造成任何的影响。

鲍里斯·塞德兹

图书在版编目(CIP)数据

塞德兹全能教育法 / (美)塞德兹著; 李彦芳编译. — 武汉 : 长江少年儿童出版社, 2014.11
ISBN 978-7-5560-1339-5

Ⅰ.①塞… Ⅱ.①塞… ②李…Ⅲ.①儿童教育—家庭教育 Ⅳ.①G78

中国版本图书馆CIP数据核字（2014）第213582号

塞德兹全能教育法

[美]鲍里斯·塞德兹 / 著　李彦芳 / 编译
项目策划 / 刘文杰
责任编辑 / 傅一新　佟 一
装帧设计 / 张 青
美术编辑 / 刘 菲
出版发行 / 长江少年儿童出版社
经　　销 / 全国新华书店
印　　刷 / 中华商务联合印刷（广东）有限公司
开　　本 / 787×1092　1 / 16　14.25印张
版　　次 / 2014年11月第1版第1次印刷
书　　号 / ISBN 978-7-5560-1339-5
定　　价 / 32.00元

策　　划 / 海豚传媒股份有限公司
网　　址 / www.dolphinmedia.cn　邮箱 / dolphinmedia@vip.163.com
咨询热线 / 027-87398305　销售热线 / 027-87396822
海豚传媒常年法律顾问 / 湖北豪邦律师事务所　王斌 027-65668649